教えと学びを考える

発達心理学

高平小百合
編著

玉川大学出版部

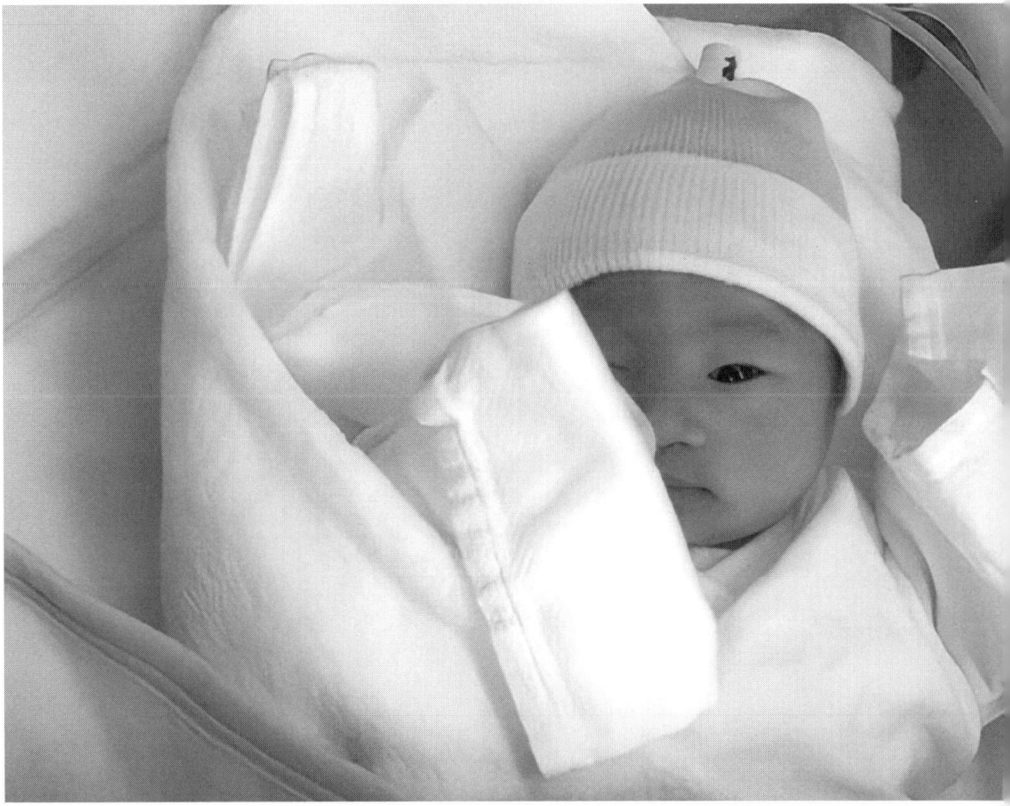

はじめに

発達心理学は，心理学という学問領域の多様な研究手法を用いて人間の発達現象を理解し，年齢による変化の特徴を明らかにする学問である。発達心理学の知見は，子育て中の養育者はもちろん，幼児期から青年期までの多様な教育分野に携わる人々にとっては必要不可欠であると考える。特に保育者や学校教師は，発達時期に応じた子どもの心と行動と学びの理解が求められている。本書は，発達心理学の入門書として，将来教師を目指す学生を対象として書かれたものである。

教師は自分が所属する学校段階における子どもの理解だけではなく，幼児期から青年期までのすべての発達段階について理解することが重要である。たとえば，小学校教師が教える子どもは7～12歳の児童期にあたるが，児童の心と行動の理解のためには，乳幼児期からの発達現象を理論的に学ぶ必要がある。なぜなら，児童期における心や行動の問題は，その根本的要因の一部が乳幼児期の人的環境や経験に基づいている可能性があるからである。これは，中学校・高等学校の生徒においても同様である。思春期・青年期の生徒の心と行動の理解のためには，その生徒の現在の行動や環境の理解だけではなく，生徒の過去に遡ってそのような行動や考え方が生まれた要因を理解する必要がある。本書においては，科学的・理論的基盤に立ち，誕生時からの人の心と行動がどのような要因によって影響・形成され，それぞれの年齢段階においてどのような特徴的な変化があるのかということを紹介する。

本書では，目次の発達区分として，従来の乳児期・幼児期・児童期ではなく，できるだけ幼稚園時期・小学校時期・中学校時期というように学校時期に基づいた節の名前を設定している。また，それぞれの発達時期における子どもの具体例も，できるだけ学校教育とのかかわりを考えられるような事例や表現を用いている。そして，発達心理学のそれぞれの研究分野における基本的な理論とコアとなる研究を踏まえつつ，最新の科学的知見を取り入れるように心がけた。

本書は15章からなり，そのなかは大きく5部に分かれている。第1部では発達心理学の基礎として，あえて進化的な視点や最新の脳発達の知見を紹介することで，科学的に子どもを理解する姿勢を持つことを期待している。第2部では，基本的な身体と情動の発達を，第3部では，知的能力基盤の発達として言語・倫理的思考能力・実行機能の発達について紹介する。第4部は，近年重要視されている社会的能力の発達としての自己理解・他者理解・道徳性の発達と，高齢者比率の高い日本において課題となっている生涯発達を含んでいる。最後に第5部では発達障がいとして基本的な理論的背景とともに幼稚園時期から小・中・高の各学校時期の行動理解と支援を，第12章から第15章までの4つの章で紹介している。これほど多くの章を発達障がいに割いたのは，教職に携わる者にとって，発達障がいにかんする知識と具体的な支援実践の情報が不可欠であると考えたからである。このように本書は，今の日本社会において教職を目指す学生に必要とされる発達心理学の知見をできるだけ盛り込んだつもりである。

最後に，貴重なコメントを頂いた早稲田大学名誉教授　中垣啓先生と玉川大学脳科学研究所　松元健二先生に対し感謝の意を表したい。本書の出版に関するすべての面で多大なご協力をいただいた玉川大学出版部の林さんにも心より感謝したい。

2020年11月

編者　高平小百合

目　次

第1部

発達心理学の基礎

発達心理学は，心理学という学問領域のなかで，誕生から死に至るまでの心と行動の変化の過程を探求する分野である。20世紀においては発達初期から青年期までの研究が盛んにおこなわれていたが，21世紀に入り高齢化という社会的背景とともに生涯発達の概念が浸透し，誕生から老年期に至るまでの変化の過程が明らかになりつつある。

第１部では，発達心理学の基礎として，様々な発達心理学のとらえ方や，近年の発達心理学において重要と考えられる新しい分野や概念についても紹介する。

特に，第１章では，発達研究の基盤となる進化の観点や脳発達にかんする知見を，その重要性に触れながら紹介する。第２章では，発達研究の様々な理論とそれらの知見がどのような心理学的研究手法によってもたらされたのか，その方法論についても学んでもらいたい。

第１章　発達心理学の視点

本章では，まず発達心理学の学問としての位置づけや関連領域について，おおまかな枠組みを紹介する。また，動物の進化の過程から人間の発達を捉えるいくつかの研究から，動物との相違について考えたい。最後に，子どもの学びと心と行動の発達を学ぶ上で重要な，脳発達について学んでもらいたい。

キーワード
初期経験　臨界期と敏感期　相互作用説　脳発達

第１節　発達心理学について

心理学の歴史は19世紀に始まるが，発達心理学としての研究が特に盛んになるのは，20世紀の前半からであった。心理学は，人間の心と行動の法則性を見つける学問であり，その方法論は多岐にわたる。発達心理学は，人[1)]の誕生から死に至るまでの時間的変化において心と行動がどのような特徴を持ち，どのように変化するのか，その法則性を体系化・理論化したものであるといえる。人の様々な側面について，経年変化の過程を心理学の諸分野における方法論を用いて研究するとともに，言語表現が困難な乳児の研究においては，乳児に特化した研究方法を開発し，子どもの心の働きを明らかにしてきた。また，近年の日本では高齢化が急速に進み，老年期の心と行動の変化に対する理解が求められ，研究も盛んにおこなわれている。一方，人工知能の開発により，私たちの社会や産業のなかでロボットが活躍する機会が増えている。ロボット開発においては，人間の知能や行動の発達的変化の理解は必須であり，社会の変化とともに発達心理学が果たす役割も変化しているといえる。

第２節　発達心理学の意義

（1）科学としての発達心理学

発達心理学を学ぶ背景は多岐にわたる。心理学のみならず教育・保育に携わる職業を目指す学生，また現在ではロボット開発に携わる工学系分野の学生にも重要な知識となっている。特に学校教育・保育系の実践的分野において，子どもの発達的な理解は，実践の背景となる科学的基礎知識を与える学問として重要性が増している。

心と行動の発達的変化を科学的に捉えるとは，どういうことであろうか？発達心理学では，発達現象を説明するための理論が多く提唱されている。過去の発達心理学者たちは，新しい研究パラダイムをみつけ，実験や観察を繰り返して，客観性・再現性を担保した科学的方法論に基づいた理論を構築してきたのである。

（2）発達心理学と諸科学との関係

発達心理学にかかわる科学的分野としては，生命科学・人工知能やロボティクス・文化人類学・脳科学・神経科学・比較行動学などが考えられるが，隣接する諸科学とのコラボレーションによって，ヒトの心と行動の法則性を進化的・文化的・遺伝学的側面からも理解できるようになってきた。そのような様々な共同研究によってヒトの適応的行動の意味を理解できるようになってきたといえる。

21世紀の発達心理学研究において特に重要になるのが，脳研究と老年期にかんする研究であると思われる。世界一の長寿国である日本にとっては，「老い」という現象を発達心理学的に研究し，日本文化のなかで特有の老いの現象を捉えることが急がれる。また，21世紀になって急激に進歩したのが脳科学分野であり，発達心理学の枠組みのなかで脳と心と行動の発達の関係性が明らかになってきている。知能や行動の変化の基盤にある脳科学的理解なしに発達心理学を語ることは，今後困難になると思われる。

（3）近年の風潮と認知能力の考え方

発達心理学の視点から教育を考えるとき，学習にとって重要な意味を持つのが「認知能力」の発達である。ただし，認知能力の定義には，広義と狭義の定義が考えられる。

本来の広義の意味での「認知能力」とは，理解・判断・論理などの知的機能一般を指しており，知能という意味で用いられることもよくある。心理学では特に，知覚（見たり聞いたりしたものの意識化）・論理（計算や問題解決など）・判断（空気を読むような状況判断を含む）・推論（相手の心を推論する能力を含む）・学習・意思決定・言語理解・記憶などほとんどの知的機能が，認知能力のなかに含まれている。したがって心理学においては，高次精神機能を必要とする感情をコントロールする力やコミュニケーション力なども「社会情動的認知能力」として捉えられる。

一方，保育・幼児教育や学校教育などの分野においては，近年の風潮として特に狭義の「知識や学力」という意味で「認知能力」という言葉を用い，コミュニケーション力や他者理解，共感力などを「非認知能力」として対立させて用いる傾向がある。このような「認知能力」に対する「非認知能力」という分け方は，教育分野などにおいては「知識や学力」に対する「心の育ち」として対比させることで保護者や養育者に理解してもらいやすいというメリットがある。

しかし，「非認知能力」という名称は，それらが認知処理ではないような誤解をまねき，科学的観点からは正確性に欠けるため本書では使用せず「社会情動的認知能力」として，認知能力の一部に含める。したがって，学力やＩＱとは異なる「心の育ち」も認知能力そのものである。社会情動的認知能力は多岐にわたり，情動調整（第 4 章）・実行機能（第 7 章）・自己理解（第 8 章）・他者理解（第 9 章）も含まれるため，詳細については各章を参照してもらいたい。

第３節　進化の観点からの発達

ヒトの歴史は，地球上の生物の歴史のなかでもかなり短い。様々な生き物が長い年月をかけて環境の変化に適応し続けてきた結果，現在のヒトとしての特徴を獲得してきたと考えられる。人間の発達の過程には，他の動物とも特徴を共有する進化の形跡がみられるものもある。

（1）系統発生と個体発生

人間は哺乳類に属するが，進化の過程においては，様々な種が生まれ，絶滅していったものも多い。単細胞生物からより複雑な構造を持つ高等なものへと発生と絶滅を繰り返してきた生物の進化の過程を「系統発生」という。一方，１つの種において，ある個体の受精卵から成体にいたるまでの個体の発達変化の過程を「個体発生」という。ヘッケル（Haeckel, E.）は，個体発生と系統発生の関連性をみつけ「個体発生は系統発生を繰り返す」という考え方を提唱した（藤永，1981）。人間の場合は，個体発生における単細胞である受精卵から誕生するまでの変化の過程が，ヒトという種がたどってきた生物学的な進化の過程と同じであるということを示唆している。

（2）二次的就巣性と生理的早産

進化の視点からみると，人間の赤ちゃんの誕生には他の哺乳類とは異なる不思議な点がいくつかある。哺乳類は大まかに，就巣性か離巣性という異なる特徴によって分類することができる。離巣性とは，牛や馬など多くの哺乳動物やヒトを除く霊長類にみられ，子どもの数が少なく，長い妊娠期間を持つ。子どもは生まれてすぐ立ち上がり歩く（離巣性）ことができ，親とともに行動することができるため個体の生存に有利であり，多くの哺乳類はそのように進化していったと考えられている。同腹仔数は少ないものの，赤ちゃんの生存確率を高めることによってそれをカバーしている。

一方，同じ哺乳類でもネズミなどのげっ歯類やイタチ類などは，妊娠期間が短く子どもの数は多い。子どもは未熟な状態で生まれるため，歩行できるまで長く巣に就くという意味で就巣性といわれる。未熟なため赤ちゃんの生存確率は低いものの，同腹仔数の多さによってそれをカバーしている。ヒトは，子どもの数は少なく長い妊娠期間を持つため，多くの点で離巣性の特徴を持つ。しかし，ヒトの赤ちゃんは誕生時には親の助けなしには生きていけないほど無力な状態で生まれ，歩けるようになるまでに1年かかる。そのため，本来は離巣性の動物であるのに，1年早く生まれてしまったために就巣性の特徴を併せ持つようになったと考えられるのである。これを「生理的早産」という。

(3) インプリンティングと初期経験

進化の過程からヒトの赤ちゃんの成長過程を見ると，他の動物との相違から学ぶべき点が多い。ローレンツ (Lorenz, K.) はガンやアヒルなど一部の鳥類にみられる後追い現象を観察し，「インプリンティング（刷り込み）」と名づけた。雛のその後の行動に大きな影響をおよぼし，環境からの刺激を受け入れることができる孵化直後の限られた時期「臨界期」があることを提唱した（コラム参照）。

コラム　ローレンツのインプリンティング

孵化した直後の雛は最初に見た動くモノについていくという習性がある。羽化直後のある一定時間のみに起こり，その時期を超えると後追い行動はみられない。生まれた直後のある一定期間のみ外界からの刺激を受け入れて学習し，その後もずっと影響が続くという意味で，刷り込みと呼ばれる（村田，1998，p.17）。

このように，誕生後のある一定期間のみ外部からの刺激を受け入れて学習可能で，その後に大きな影響をおよぼすようなことがらは人間にもあるだろうか。ヒトの場合は臨界期という言葉は使われず，ある種の外部刺激に敏感な時期という意味で「敏感期」と呼ばれており，この時期に外部からの刺激を経験することを「初期経験」という。人間の多くの特質において，乳幼児期の5, 6歳までが敏感期と考えられ，この時期の経験が「初期経験」と捉えられている。たとえば，幼児期の愛着関係や情緒的な経験が，その後のパーソナリティや人間関係形成に大きな影響を持つといわれている（コラム参照）。また，言語（母国語）の発達においては，いろいろな説があるが，７，８歳（または10，11歳という説もある）くらいまでに自然な言語環境のなかで育つ（言語を経験する）ことが重要だとされ，10歳前後までが母国語獲得の敏感期とされている。人間の特質のどの側面を捉えるかによって，その側面の「敏感期」の時期は異なる。これは，脳神経系の発達の時期とも大いに関係があると考えられており，詳細は，第５節「脳発達と発達心理」で述べる。

コラム　ハーローの代理ママの実験

ハーローは，アカゲザルの赤ちゃんに針金の代理ママ（冷たくてかたいがミルクが出る）と布の代理ママ（柔らかくて暖かいがミルクはでない）を与えてどちらを母親として選ぶか実験した。最初は，針金ママのところでミルクを飲むが，すぐに布ママのところに行き，その後ずっとしがみついていた。

ハーローは他にも代理ママを使った実験をおこなっている。「社会的隔離実験」では，生後すぐのアカゲザルを視覚的・聴覚的隔離状態で６か月育てた。その後代理ママを与えたが，まったく寄り付かず，社会行動に異常性を示すようになった（村田，1998，p.21）。

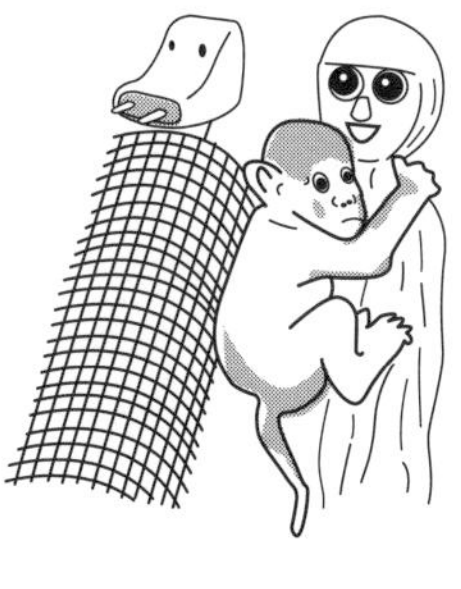

第４節　発達への影響要因

（1）遺伝と環境の論争

優生学と行動主義

人間の知能や性格などの様々な特質に関して，それが生まれながらに備わっている遺伝によるものか，それとも生まれてから後の環境と経験によるものであるかという遺伝対環境（Nature VS Nurture）論争は古く，ギリシャ時代からなされてきた。極端な遺伝説として19世紀後半にはゴールトン (Galton, F.) が「優生学 (eugenics)」を提唱した。20世紀初頭には，ヨーロッパやアメリカにおいて優生学運動（望ましい形質を保有する人たち同士の結婚を奨励し，望ましくない形質を保有する人たちには子孫を残さないよう制限することを主張する運動）に発展し，それが障害者差別や人種差別を正当化することにつながっていった。アメリカにおいても優生学を支持する風潮はあったが，そのような考え方に疑問を持つ行動主義 (Behaviorism) 心理学者たちが経験主義（empiricism）を掲げ，人の特性は生まれてから後の経験によって獲得され，遺伝的影響は最小限であるという考え方を主張した。特に，心理学者のワトソン（Watson, J.）は，乳幼児の実験を数多くおこない（コラム参照），恐怖心などの先天的に持っていると思われているような特質も，経験によって獲得されることを科学的に証明した。「子どもは白紙の状態で生まれ，経験によって知識が獲得される」という行動主義者の考え方は，「人は生まれながらに遺伝的に決まっている」という優生学の考え方への反論も含め，生まれてから後の子育てや教育環境を整えることの重要性を発信したものであった。

コラム　ワトソンによるアルバート坊やの恐怖心の条件付け

10か月のアルバート坊やは，何にでも興味を示す元気な子だったが，白いネズミを見せるたびに大きな音を鳴らすことを繰り返す（条件づけ）と，やがてネズミを怖がるようになり，ウサギや白いものも怖がるようになった。この結果から，恐怖心も経験によって学習されることを実証した（村田，1998，p.45）。

①条件づけ以前には，子どもはウサギに対して積極的に行動する。

②子どもが白ネズミを見ているときに大きな音を鳴らすと，その後は白ネズミを恐れて回避するようになる。

③白ネズミだけではなく，ウサギからも遠ざかろうとする。

④恐怖反応は，白いもの，毛のあるものに広く散化する。

成熟優位説と生得説

遺伝か環境かの論争は，考え方を単純化して遺伝説か環境説かのどちらかを主張する風潮があった。心理学において遺伝説は生得説（nativism）と呼ばれる。優生学は極端な生得説であるが，双子研究から遺伝的な成熟の重要性を主張したゲゼル（Gesell, A.）は，生得説の提唱者として捉えられている。人間の発達は，遺伝的にプログラムされた成熟（ある時期が来なければハイハイや歩くことはできないことなど）によって可能になるため，学習や経験より成熟が優位であると考えた。適切な成熟の時期に来なければ，教育は有効ではないと考えたのである。

相互作用説

近年では，遺伝要因と環境要因の両方とも重要であるという考え方「相互作用説（Interactionism）」がもっとも有力であり，多くの発達心理学者が相互作用説に基づいた理論を提唱している。たとえばブルーナー（Bruner, J.）は，言語発達は環境要因である言語の文化的風土と，生得的要因である人間が持って生まれてくる言語獲得のための機能との相互作用によると主張している（Bruner, 1983）。また，認知発達においては，生物学的な成熟と社会環境における経験の両方を重要視するピアジェ（Piaget, J.）の理論も相互作用説に基づいている。

相互作用説では，発達における遺伝的影響は大きいが，生育環境によってより大きな影響を受けると考える。人は生まれ持った遺伝的要因は変えることはできないが，その人の物理的社会的環境要因との相互作用によってその人の発達に相乗効果をおよぼす場合もあれば，逆もあり得るという考え方である。

（2）エピジェネティクス

エピジェネティクスとは

21世紀になって，特に新しい相互作用の概念として注目されているのが，エピジェネティクス (epigenetics) である。科学技術の著しい発達によって可能になった遺伝子解析により，ヒトの遺伝子数が約 2 万2,000個であることがわかった (International Human Genome Sequencing Consortium, 2004)。遺伝子の役割やメカニズムについても解明されてきており，遺伝と環境の相互作用の科学的解明の進行とともに解釈自体も変化しつつある。

エピジェネティクスのエピとは，「～を超えて」という意味があり，ジェネティクス（遺伝学）を合わせて，従来の遺伝学の考え方を超えたものとして捉えられている（中尾，2014）。「後成的遺伝説」（epigenesis+genetics）という訳を採用する場合もあるが，これまで使用されてきたこの言葉の意味とはニュアンスが多少異なるためカタカナで「エピジェネティクス」という言葉を用いる。

厳密な意味での定義は研究者によって多少異なるが，ここでは子どもの理解を目的とする発達心理学を学ぶ上で重要となる観点から，その考え方を紹介する。

従来の相互作用の考え方との違い

私たちは，性格・知能，病気などにおいて，様々な遺伝的特性を持っている。その遺伝的特性を遺伝子型（genotype）といい、それがその人の特性として表面に現れている場合，それを表現型（phenotype）という。遺伝子を持っていても，必ずしもそれがその人の特質として表面に現れる（発現）とは限らないということは，これまでもわかっていた。

従来の相互作用の考え方には，遺伝的には決まっていて変化しないという前提があり，その遺伝的特性を生かせる環境かどうかによって，その子どもが伸びるか伸びないかの違いが生じると考えられていた。しかしながら近年の研究では，遺伝子は環境によって変化することが明らかになってきた。これは，環境によって人間の行動のみが変化することを意味するこれまでの相互作用とは異なり，環境によって遺伝子の発現そのものが変化する可能性があるという異なるレベルでの遺伝と環境の相互作用を意味している。

エピジェネティクスのしくみ

遺伝子の仕組みや役割の研究が進み，遺伝子が発現するかしないかはDNAスイッチのON/OFFによって決まり，環境要因によって変化することがわかってきた（長根，2014）。たとえば，一卵性双生児は，生まれたときには遺伝情報はまったく同じであるはずだが，片方だけががんを発症するようなケースがみられる。両方とも，がん抑制遺伝子が本来はONであったと考えられるが，異なるライフスタイルや環境にあることで，片方はDNAメチル化（遺伝子発現を抑制する働き）によってOFFとなり，がんを発症してしまうことがわかってきた（Spector, 2012；野中訳，2014）。このDNAスイッチのON/OFFにかかわるDNAの科学的変性に影響するのが栄養・運動・喫煙・ストレスなどの環境要因であるといわれている。これまでとはまったく異なる前提に立ち，環境によって遺伝子が影響される（ON/OFFが決定される）という意味での相互作用のメカニズムが解明されつつある。

現段階では，記憶力や一部の能力においては，環境要因が遺伝子のON/OFFにかかわっていることが示唆されているが，その他の認知的特性にどれほど影響があるのかすべてがわかっているわけではない。ただ，子どもの発達において，以前にもまして子どもが育つ環境要因（社会的・情緒的・物理的・認知的）の影響が大きいことが示唆され，地域社会・学校や家庭環境の質が問われることになる。

第５節　脳発達と発達心理

心の発達を可能にするのは脳の発達に他ならない。脳科学の発展によって，発達心理学の考え方も大きく影響を受けている。脳の発達がどのようなプロセスであるかがわかってきた現在，脳発達の知識なしで子どもの学習や発達を語ることは，重要な部分を無視していることになる。脳の可塑性（変化しうる柔軟性があること）は，虐待による脳のネガティブな変化（萎縮や肥大）に加え，療育や治療によるポジティブな変化など，認知能力全般への重要な影響がわかってきた（友田 , 2017：長根 , 2014）。これまでの発達心理学の研究成果に加え，脳科学の知見を踏まえて学ぶことは，発達心理学という，人の変化を科学的に理解する学問にとっては必要不可欠である。また，発達心理学を基盤とした保育・教育などの応用領域にとっても，重要な意味を持つ（Byrnes, 2001；高平・奥田監訳，2006）。

（1）脳発達のプロセス

脳の発達変化

脳の基本的な形は，受精後26週ころにはすでに大人と同じような形態となり，脳幹も完成が近くなる。また，脳重量は，誕生から２歳まで急激に増加し，４歳～６歳で成人の95％の重さに達する。その後25歳くらいまで徐々に増加を続け，20歳から25歳で重量のピークが来る。20代後半から重量も神経細胞も少しずつ減少し始め，80代になると20代より30％ほど減少し，表面積も10％ほど減少するといわれている（Mann, 1984）。

脳発達に影響する要因

子どもの脳発達には，栄養・ウィルスなどの病気，おもちゃや本などの経済的要因，そして養育者のかかわり方などの社会的要因を含め，子どもをとりまく環境が大きく影響することがわかっている。なかでも，ラットの実験から，遊び道具が沢山用意された豊かな環境で育てたラットと何もない貧しい環境で育てたラットとでは，神経細胞の発達に違いがあることが明確に示

された (Rosenzweig, et al., 1972; Kemperman, et al., 1997)。豊かな環境で育ったラットは貧しい環境で育ったラットより10% 近く脳が重く，大脳皮質も厚くなっていた。シナプス（神経細胞と神経細胞の接合部）の数は20% も増加していた。また，遊び道具がたくさんある豊かな環境や運動ができる環境にあるマウスの方が，記憶力や学習能力が高いことが示された（Van Praag, et al, 2000）。この結果は人間の子どもにおいても豊かな環境で育てることの重要性を示唆していると考えられる。

（2）誕生から小学校までの脳発達

上記のような環境の違いが脳発達に多大な影響を与えることは，なぜ起こるのであろうか？　その理由を，脳発達のプロセスから考えてみよう。

シナプス過形成と刈り込み

私たちの脳は，誕生から２，３歳までに急激にシナプスの数が増加し，その結果シナプスは必要以上つくられることになる。この現象は「シナプスの過形成」といわれる。その後，幼児期から思春期（11，12歳）にかけて徐々にシナプスの数が減少するがこれを「シナプス刈り込み」という（**図１-１**）。

シナプスの過形成の状態が脳機能の発達には重要であると考えられ，この時期の赤ちゃんは，世界中のどのような言語の音素にも反応できる能力を持

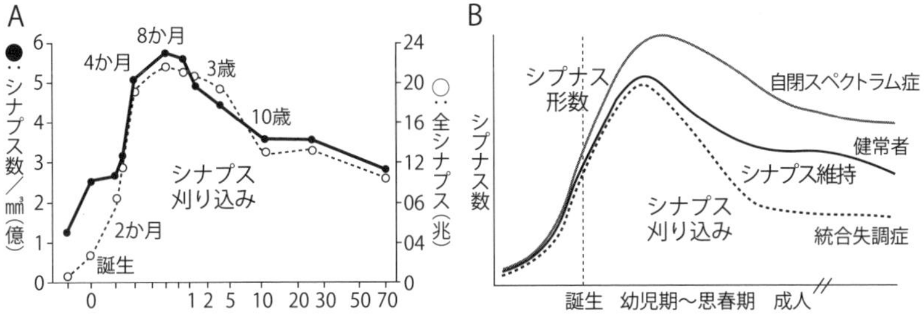

A：大脳皮質視覚野のシナプス数（密度）の発達変化　B：大脳皮質のシナプス数の発達変化

図1-1　シナプス形成と刈り込み

（渡邉他，2016，p.622）

つといわれている。一方，刈り込みはなぜ起こるのであろうか。たとえば，私たちが言葉を話せるようになるためには，日本語の環境のなかで暮らし，家族や周りの愛情を受けながら少しずつ言葉を覚えていく。その過程において，日本語の獲得に必要な神経回路は毎日繰り返し入力されるために強化される。しかし日本語処理に不必要な回路は刺激が入らないためにだんだんと消えていくと考えられる。この現象は不要な枝を切る樹木の剪定のようであるため「刈り込み」と呼ばれる。

幼児期から思春期にかけての刈り込みの時期が，敏感期とも関係があると考えられている。母国語の獲得や幼児期の愛着・情動の発達にかんしては，過形成の時期に言語経験や愛情経験を「初期経験」としてを積んで充分な回路が形成されていることが必要と考えられている。この刈り込み時期は，幼稚園や小学校教育時期と重なっているため，何をどのように教えるかということが子どもたちにどのような脳発達を促すかということに影響すると考えられる。

髄鞘化の発達変化

髄鞘《ずいしょう》（ミエリン）とは，神経細胞内の電気信号が効率よく伝達されるために必要なカバー（鞘）のことである。電気が流れる電線は，ビニールの被膜（カバー）に保護されているため，電気が漏れずに効率よく流れる。神経細胞を走る電気信号の場合，それを保護する役割をするのが髄鞘であるが，脳内では，この髄鞘化が進む場所が発達時期によって異なっている。この髄鞘化がされていない脳部位にかかわる活動を伴う早期教育などは，子どもにとってマイナスの側面が多いが，髄鞘化が充分になされた部位を活用する教育であれば学習を促進するプラスに働く可能性もある。そのため髄鞘化は，脳機能の発達時期にかかわりがあり学習や早期教育がプラスになるかマイナスになるかにも関係があると考えられる。最後に髄鞘化が完成するには前頭前野だといわれており，20代半ばごろまでかかるという。

（3）脳機能の発達

ゴールデン（Golden, 1981）は，脳機能の発達段階を精神機能と対応させて，5段階発達モデルとして提唱している。第1段階と第2段階は，生後2か月ごろまでで，第1段階は睡眠と覚醒のリズムにかかわる脳幹や大脳辺縁系が発達する。並行して第2段階では，2か月までの赤ちゃんにみられる，目でモノを追ったり泣いたりすることの初歩的な処理をおこなう第1次感覚野・第1次運動野が発達する。第3段階は，5歳ころまでの幼児が母国語を学習することにかかわる第2次感覚野や第2次運動野が発達する。それによって，言葉を聞いて（聴覚野）答える（ブローカ野）能力が発達していき，コミュニケーションが可能となる。第4段階は，12歳ころまでの児童期に相当し，基本的な学力を身につけ，学校や仲間関係で行動や感情を抑制することを学ぶ時期である。これらの機能を可能にするのが，第3次感覚野（感覚連合野）と第3次運動野（前頭連合野）の発達であり，情報の理解・行動の計画・感情制御にかかわっている。第5段階は20代半ばまでであり，第3次運動野（前頭連合野）がより充実して発達することにより，自分の行動を計画・実行・評価するといったより高次の観点から自分の心と行動をコントロールするメタ認知的機能を可能にし，より高度な自律が可能となる。

（4）脳の可塑性

大人の脳の神経新生 (neurogenesis)

近年の研究では，推論や知識獲得に重要な前頭前野では，思春期から刈り込みが始まり安定するには30代までかかることがわかってきた (Petanjek, et al., 2011)。また以前は大人になってからは新しい神経細胞は生まれないと考えられていたが，ヒトやサルを含む多くの動物において，学習や記憶に重要な役割をする海馬では大人になってからも運動や学習など豊かな環境にあることで新しい神経細胞が作られる（神経新生）こともわかってきた（Alam, et al., 2018; Van Praag, et al., 2000）。他の動物でもヒトでも神経新生率は，若いほど高く成人になるとかなり下がるようである（Parolisi, et al., 2018）が，年をとってからでも適度な運動や頭を使うことで脳の老化を防ぐ可能性もある。

虐待による脳の変化

生育過程で不幸にも脳に障害を負ったり，虐待などを経験した子どもは，脳に深刻なダメージを受ける可能性があることがルーマニアの孤児院で劣悪な環境に置かれた子どもたちの研究からわかった（コラム参照）。

コラム　ルーマニアの孤児収容所で虐待を受けた子どもたちの脳

生後まもなく施設に入れられたルーマニアの孤児の PET（陽電子放出断層撮影）スキャン。愛情に欠けた環境で育った幼児期の経験が脳に大きな影響をおよぼしている。感情や感覚をつかさどる側頭葉は，ほとんど活動していないに等しい。このような子どもは，情動や認知能力に問題を抱えてしまう (Courtesy of children’s hospital of Michigan)。

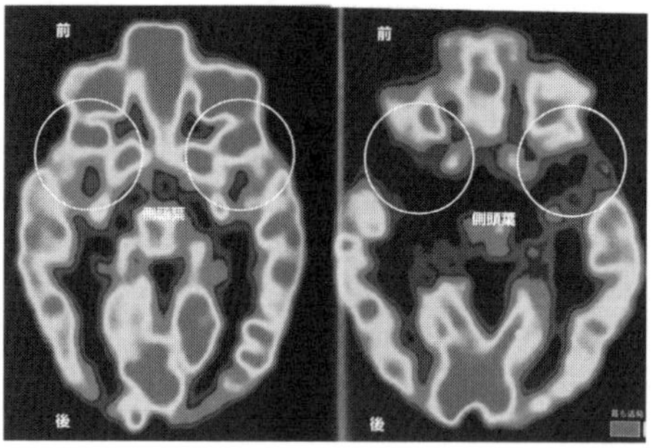

健康な脳　　　　虐待を受けた子どもの脳

表1-1　虐待の種類とダメージを受ける脳領域

	虐待の種類	脳がダメージを受けた部分
1	親からの暴言	聞いたことを理解する聴覚野が肥大（過敏になるため）
2	夫婦喧嘩や DV を見る	イメージや見ることにかかわる視覚野が萎縮
3	親からの深刻な体罰	前頭前野の行動抑制にかかわる部分が萎縮
4	性的虐待	映像・イメージにかかわる視覚野が萎縮
5	愛着障害	喜びや快楽を感じるための線条体の活動が低下（喜びを感じにくい）

（友田，2017，pp.72-107より筆者作成）

近年，友田（2017）は虐待を受けた子どもたちの脳を調べ，虐待の種類によってダメージを受けた脳部位が異なることを明らかにしている（**表 1 - 1**）。

幼児期からの虐待経験によって脳が深刻なダメージを受けることは，心の病気や社会的不適応などの深刻な困難を人生にもたらす。しかし，ダメージを受けた脳を薬物療法や認知行動療法などの治療によって変えることも可能（脳の可塑性）であることが最近わかってきた（友田，2017）。脳にダメージを受けた年齢や期間，またダメージの深刻度にもよるが，長期にわたる治療や安定した情緒的な人間関係によって，委縮・拡大した脳部位が正常範囲内に戻ることも示唆されている。したがって，幼少期に過酷な人的・社会的環境にあっても，環境を変えることができれば，脳も心も変わることができる可能性がある。

■注

1）本章で「ヒト」とカタカナで書いてある場合は，種としての人間を表し，「人」と漢字で書いた場合は一般的な個人を表す。

■引用文献

Alam, M. J., Kitamura, T., Saitoh, Y., Ohkawa, N., Kondo, T. & Inoguchi, K., Adult neurogenesis conservs hippocampal memory capacity, *The journal of neuroscience*, 38（31）, 6854 - 6863 , 2018

Byrnes, J.P., *Minds, Brians, and Learning*, The Guilford Press, 2001（バーンズ，J. P.『脳と心と教育』高平小百合・奥田次郎監訳，玉川大学出版部，2006年）

Bruner, J. *Children's Talk*, Norton, 1983

藤永保他編『新版心理学事典』平凡社，1981年

Golden, C.J., The Luria-Nebraska Children's Battery: The theory and formation, In G.W. Hynd（Eds）., *Neuropsychological assessment and the school-age child*, Grune & Sratton, 277-302, 1981

International Human Genome Sequencing Consortium, Finishing the euchromatic sequence of the human genome, *Nature*, 431, 931-945, 2004

Kemperman, G., Kuhn, H.G., & Gage, E.H, More hippocampal neurons in adult mice living in an enriched environment, *Nature*, 386（6624）, 493-495, 1997

村田孝次『教養の心理学』培風館，1998年

長根光男「発達初期の個人差の要因及び望ましい養育環境についての考察――環境要因は，遺伝子発現としての発達に影響を及ぼすか」『千葉大学教育学部研究紀要』62, 85-89, 2014年

中尾光善『驚異のエピジェネティクス――遺伝子がすべてではない!? 生命のプログラムの秘密』羊土社，2014年

Mann, M.D., The growth of the brain and skull in children, *Developmental Brain Research*, 13（2）, 169-178, 1984

Parolisi,R., Cozzi, B. & Bonfanti, L., Human and Dolphines: Decline and fall of adult nerugenesis, *Flontiers in neuroscience*, 12, 1-8, 2018

Petanjek, Z., Judas, M., Simic, G., Rasin, M. R., Uylings, H.B.M., & Rakic, P., Extraordinary neoteny of synaptic spines in the human prefrontal cortex, *Proceedings of the National Academy of Sciences*, 108（32）, 2011

Spector, T., Identically Different: Why you can change your genes, Weidenfield & Nicolson Ltd., 2012（スペクター，T.『双子の遺伝子――「エピジェネティクス」が2人の運命を分ける』野中香方子訳，ダイヤモンド社，2014年）

Rosenzweig, M.R., Bennett, E.L., & Diamond, M.C.M.R., Brain changes in response to experience, *Scientific American*, 226, 22-30, 1972

友田明美『子どもの脳を傷つける親たち』NHK出版，2017年

Van Praag, H., Kempermann, G. & Gage, F.H., Neural consequences of environmental enrichment, *Nature review neuroscience*, 1, 191-198, 2000

渡邉貴樹・上阪直史・狩野方伸「生後発達期の小脳におけるシナプス刈り込みのメカニズム」*Journal of Japanese Biochemical Society*, 88(5)，2016年

■課題

1. 人間は，生理的早産といわれるが，早く生まれることのメリットとデメリットを考えよう。
2. 脳発達に影響する要因を考え，教育の役割について考えよう。
3. 脳発達やエピジェネティクスの影響を学ぶことは，将来教師になるためにどのような意味があるか考えよう。

■参考図書

バーンズ，J. P.『脳と心と教育』高平小百合・奥田次郎監訳，玉川大学出版部，2006年

中尾光善『驚異のエピジェネティクス――遺伝子がすべてではない!? 生命のプログラムの秘密』羊土社，2014年

友田明美『子どもの脳を傷つける親たち』NHK出版，2017年

開一夫・齋藤慈子編『ベーシック発達心理学』東京大学出版会，2018年

永江誠司『子どもの脳を育てる教育――家庭と学校の脳科学』河出書房新社，2007年

第２章　発達心理学の理論と研究方法

第２章では，年齢による発達区分と，発達段階を提唱した代表的な理論について紹介する。これらの理論の詳細は後からそれぞれの章で学ぶことができるが，それぞれの理論の相違点や各段階の関連性を考えてもらいたい。また，発達心理学でよく用いられる研究方法についても理解してもらいたい。

キーワード
発達区分　発達段階　質的研究　量的研究　生涯発達

第１節　年齢による区分

（１）発達区分と発達段階

発達区分は，人の精神・身体・社会的変化の節目を基に一生を８つに分け，ある一定期間をまとまりとして大まかな発達の特徴をつかむことで，それぞれの時期の概観を知ることに役立つ。また，様々な発達理論で提唱されている発達段階（developmental stage）は，それぞれの発達段階において精神・身体・社会的な発達に質の違いがあることをあらわしている。

「出生前期（prenatal period）」は，誕生までの時期であり，卵体期（０～10日）・胎芽期（～２ヶ月ごろ）・胎児期（～40週まで）の３つの時期に分けられる。「新生児期（neonatal period）」は，生後約１ヶ月までを指し，その後１歳６ヶ月までは「乳児期（infancy）」という。１歳半から小学校に入るまで（６，７歳）の時期を「幼児期（young childhood）」といい，保育園・幼稚園に通い，家族以外の社会とのかかわりを経験し始める。小学校に入った７歳から12歳までを「児童期（childhood）」といい，小学校での学習により系統的な知識の獲得がなされる。小学校の高学年にあたる11，12歳から中学生時期までを「思春期（puberty）」といい，第二次性徴により大きな心身の変化を経験する。思春期を含む中学生から20代後半までを「青年期（adolescence）」といい，「自分とは何か」というアイデンティティを確立し，性役割，職業における役割など社会のなかでの自分をみつけていく。20代後半から65歳くらいまでを「成人期（adulthood）」といい，家族を持ったり，職場で責任のある立場を任されたりすることで，様々な社会的役割を持つようになる。65歳以降を「老年期（old age）」と呼ぶが，60歳を超えると，人によって大きな個人差がみられる。日本では，医療制度の都合上75歳以上を後期高齢者と呼ぶが，それは発達心理学的区分には含まれていない（無藤・子安，2011）。

発達心理学の様々な理論は，発達のどのような分野を研究対象としているかによって，注目する時期が異なる。それぞれの発達区分における質的な違いを，理論化したものが発達段階理論である。

（２）誕生から青年期までの発達段階理論

青年期までの発達段階に注目した代表的な理論として，フロイト（Freud, S.）の精神性欲的発達論（Psychosexual development）と，ピアジェ（Piaget, J.）の発達段階論がある（**表２-１**）。フロイトは，人間の性的本能である「快」を求める欲動エネルギーが，何に対して快を求めるのか，その対象が思春期までの発達段階ごとに変化し，各段階で満たされないと大人になってからのパーソナリティに影響すると述べている。乳児期は，母乳を吸うなど口にかかわる「快」を求めるため「口唇期」，幼児期前半にはトイレットトレーニングから排泄にかかわる「快」を求めるため「肛門期」と名付けている。幼児期後半には，異性の親への関心や男女のペニスのあるなしなどに興味を示す時期であるため「男根期」という。児童期には，勉強に関心が向けられるため，一時的に表には表れないという意味で「潜在期」といわれる。思春期になって欲動エネルギーの対象が大人の性愛に向けられるようになる

表2-1　思春期までの変化を中心とした理論と発達区分の対応

年齢	発達区分	フロイトの精神性欲的発達論	ピアジェの発達段階論
0～1.6歳	乳児期	口唇期	感覚運動期
1.6歳～3，4歳	幼児期前半	肛門期	前操作期：直観的思考
4歳～6歳	幼児期後半	男根期	前操作期：象徴的思考
7歳～11，12歳	児童期	潜在期	具体的操作期
11，12歳以降	青年期前期（思春期）以降	性器期	形式的操作期

（筆者作成）

と「性器期」といわれる。このようにフロイトは，性的な発達に注目した結果，思春期までの発達段階を提唱した。

ピアジェの発達段階論は，思春期までの子どもの知能の質的違いを発達段階ごとに示している。乳児期は，「感覚運動期」，幼児期は「前操作期」，児童期は「具体的操作期」，思春期以降は「形式的操作期」という5段階の発達段階論を提唱した。ピアジェ理論の詳細は第6章で述べるため，ここでは省略する。このように，思春期までの特に大きな発達の質的変化が起こる領域に注目した理論もあれば，生涯発達の観点から老年期までの発達段階を提唱した理論もある。

（3）生涯発達の観点からの理論

人間の生涯にわたる社会のなかでのかかわりや内面的な変化に注目した代表的な理論として，エリクソン（Erikson, E.）の社会心理的発達理論（Psychosocial development）やマズロー（Maslow, A.）の欲求段階説（Hierarchy of needs）があげられる。

エリクソンは心理社会的側面の発達に注目し，人の生涯を8段階に分けて各段階において果たすべき「課題」と，それを果たせなかったときの心理社会的な「危機」を対比させて理論化した（**表2-2**）。乳児期は，養育者との基本的信頼関係を確立することがもっとも重要な課題であるため「信頼　対不信」，幼児期前半は着替えやトイレットトレーニングを自分でできるよう

表2-2　生涯発達の観点からの理論と発達区分の対応

	エリクソンの心理社会的発達理論	マズローの欲求の階層モデル
乳児期	信頼　対　不信	生理的欲求
幼児期前半	自律性　対　恥・疑い	安全への欲求
幼児期後半	自主性　対　罪悪感	
児童期	勤勉性　対　劣等感	愛情と所属への欲求
青年期前期	自我同一性　対　同一性拡散	
青年期後期 成人期前期	親密性　対　孤独	承認と尊重への欲求
成人期中期	世代性　対　停滞	
中年期（成人期後期）		自己実現の欲求
老年期	自我の統合　対　絶望	

（筆者作成）

になることとかかわる「自律性　対　恥・疑い」，幼児期後半はいろいろなことに自分でチャレンジしようとする「自主性　対　罪悪感」，児童期は学校での学業にかかわる「勤勉性　対　劣等感」，青年期は自分を確立することができるかどうかの「自我同一性　対　同一性拡散」，成人期前期は異性との交際や結婚についてかかわる「親密性　対　孤独」，成人期後期は家族を持ち親になることとかかわるため「世代性　対　停滞」，老年期は老後の自分の成長をめざす「自我の統合　対　絶望」となっている。この理論については，第11章を参照してもらいたい。

マズローは，人間の基本的な欲求に注目し，動機づけとして欲求の階層構造を発達段階と対応させて理論化している。乳児期は，空腹や睡眠など「生理的欲求」が満たされることが重要であるが，幼児期になると，行動範囲が広がることで見知らぬ場所では不安になり「安全への欲求」が増してくる。生理的欲求や安全への欲求が満たされ，家族や友人・異性との関係，また所属する集団内での役割や地位に対する「愛情と所属への欲求」が優勢になってくる時期が，児童期から青年期にかけてである。この欲求が満たされる青年期以降から成人期には，他者から認められ，評価されたいという「承認と尊重の欲求」が強くなってくる（永江，2004）。最終段階とされる「自己実現の欲求」は，自己を完成させようとする欲求で成人期中期から後期にかけて欲求が強くなると考えられる。このように，低次の欲求が満たされると，より高次の欲求が現れるが，たとえば安全が脅かされている環境では，年齢とは関係なく，承認と尊重への欲求や自己実現の欲求などのそれより高次の欲求を持つことは困難である。

第２節　発達の個人差と集団差

発達理論では，各理論が注目する側面について発達段階に対応した特徴が示されている。発達理論とは，標準的な変化の目安であり，ある年齢に達したからといって，必ずしもその発達段階の特徴がみられるわけではない。また，同じ年齢であっても子どもによって発達の個人差がみられるのは当然である。一方，個人差ではなく集団差という概念もある。たとえば，男女差は，以前から身長や体重などの身体的発達や，思春期における心身の変化の速度などに顕著な性差がある。発達心理学を含む心理学の分野では，特に社会的な要因で起きやすい男女差は「ジェンダー」という言葉を用いる。他にもそれぞれの年齢集団の違いをみるときに「年齢差」，障がいの有無による比較をするときは，「定型―非定型の発達差」などを分析することもある。また，文化の異なる国々との国際比較をおこなうときに考慮すべき文化や国なども集団としての概念にあたる。このような集団の比較や差を分析する場合は，その集団の平均値を代表値として用いるが，重要なのは集団の分散（平均値からの散らばり具合）である。必ず，分散の影響を考慮した上で，比較がされなければならない。この散らばりが，個人差そのものでもある。

第３節　発達心理学の研究方法

（1）発達研究の概念

発達心理学は，心理学の基本的な研究理念と方法を用いて発達現象を研究してきた。まず，その大まかな研究方法について紹介し，それから発達研究独自の方法論をいくつか取り上げる。

心理学は科学的に人の心と行動の法則性を見つけ出すことを目的にしている。心という目に見えない現象を研究対象としたときに，厳密な意味での科学性を要求することは困難であるが，少なくとも①いつ誰がおこなっても同じ結果が出る「再現性」と，②測れない信念や感情など数値化して測れるようにする「定量性」，③統計的な「有意性」など，科学的方法を用いることを重要視してきた。発達研究を含む心理学研究は，大きく分けると質的研究か量的研究に分類することができる。

（2）質的研究と量的研究

質的研究方法と量的研究方法は，それぞれ研究の目的や具体的方法において大きく異なる。

質的研究

質的研究の目的は，研究分野の知見が充分ではなく仮説の検証が難しい場合に，探索的研究として用いる場合が多い。また，教育や保育現場においては，科学的一般法則をみつけるのではなく，現場の現象理解に役立てるための研究として用いられることも多い。

質的研究方法には，観察法と面接法がある。観察法は，教育や保育の場面で学級観察や幼児観察に用いられ，行動観察記録・会話記録などの映像記録や記述データを得ることができる。面接法は，面接者が対象者に対しておこなう質問の自由度（質問内容が決まっているかどうか）によって構造化面接・半構造化面接・非構造化面接と分けられる（南風原他，2001）。これらの面接によって得られるデータは，対象者の発話内容であり，その内容を書き起こした記述データである。それらの記述的データを基に，エピソード分析やカテゴリー分類などをおこない，混とんとした記述データを整理してわかりやすくまとめる。一方，最近ではこのような質的記述データに対して，テキストマイニング（大量の文章のデータから出現頻度などを用いて意味ある情報を抽出すること）などの量的分析を用いることも盛んになってきた。

量的研究

量的研究方法の目的は，仮説の検証のための検証的研究であることが多い。量的研究方法には，調査法と実験法があり，両方とも数値化されたデータが得られ，統計分析によって数値の有意性を検証する。研究対象者に対して操作がおこなわれるのが実験法であり，操作がおこなわれないのが調査法である。

調査法は，質問紙・アンケート・性格検査またはある種のテストなどを用いて，調べたいある発達段階（たとえば，日本の児童，日本の大学生など）の母集団（日本のすべての児童など，その集団すべてを指す）の標本（都内のいくつかの小学校に通う児童など，調査したい集団）に対して質問紙などを実施する。発達心理学で使用されるアンケートには，性格特性・動機づけ・感情・親子関係・対人関係など子どもから大人までの心理や行動を含む多様な尺度がある。現代では，インターネット上でアンケートを実施することも盛んになってきた。

実験法は，基本的には実験群と統制群に研究対象者を分け，２つのグループで違いがあるかどうかを知りたい変数（独立変数という）以外を統制することで検証する。たとえば，幼児があるおもちゃで遊ぶことが，知能の発達に影響するかどうかを知りたいとしよう。２つの園で，それぞれ半分の人数の５歳児にそのおもちゃで遊ばせ（実験群），半分の園児は別の遊びをする（統制群），というような操作をおこない，一定期間の後に知能テストを実施し，実験群と統制群の平均値に統計的に有意な差があるかどうかを調べる。

乳幼児を対象とした実験では，何らかの装置や道具が必要になる場合もあり，１人ずつ実験室でおこなわれるため実験室実験という。たとえば，幼児が他者視点をとれるかどうかを調べる実験では，四角い箱庭の前に対象児が座り，向かい側に座っている別の子どもからどのように箱庭が見えるかを問う実験がある（第６章「三つ山課題」参照）。このような実験室での実験の場合は，実験条件を統制できるメリットは大きいが，多人数のデータをとることは困難である。

選好注視法と馴化・脱馴化法

実験法のなかで言葉がまだ話せない乳児のための実験的方法がいくつかある。乳児は，刺激が複数ある場合，興味がある刺激を長く見つめる傾向があり，見つめている時間を測ることによって，刺激の違いを認識していることやどちらの刺激をより好むかなど乳児の心理を定量化したものが「選好注視法（preferential looking）」である。

また乳児は，見慣れた刺激に対しては興味を失い見なくなる「馴化《じゅんか》（慣れること）」が生じる。そこに新しい刺激を見せると，また興味を示して「脱馴化」が起こり見つめるようになる。この性質を利用したものが「馴化・脱馴化法（habituation/dishabituation）」である。このようにして，言葉を介さなくても，乳児の行動の特徴から心理を定量化することを可能にした。

縦断的研究・横断的研究

発達段階の変化や違いを研究する方法として縦断的方法と横断的方法がある。たとえば，身長や体重が小学校1年生から6年生になるまでにどのような変化をするか知りたいとしよう。縦断的方法では，いくつかの小学校1年生の同じ児童を6年間継続して測定することで，身長と体重の変化を知ることができる。一方，横断的研究では，同じ児童ではないが1年生から6年生までを一度に調べることで年齢による身長と体重の変化を知ることができる。このように，長期間にわたり同じ集団の特性の発達的変化を調査するのが縦断的方法で，異なる年齢集団を同時に測定して年齢による違いを明らかにするのが横断的研究である。

(3) 研究倫理

近年特に研究における倫理が重要視されている。研究対象者に対しては，不利益になる要因がないように，細心の注意を払って研究倫理に配慮しなければならない。各大学や研究機関には，研究倫理審査委員会が設置されており，年齢にかかわらず人を対象とする研究の場合はその委員会の審査を受けなければならない。

■引用文献

南風原朝和・市川伸一・下山晴彦編著『心理学研究法入門――調査・実験から実践まで』東京大学出版会，2001年
永江誠司『脳と発達の心理学――脳を育み心を育てる』ブレーン出版，2004年
無藤隆・子安増生編著『発達心理学 I』東京大学出版会，2011年

■課題

1. 生涯発達の観点からこの章で紹介した理論を基に，自分は現在どの段階であるかを考えてみよう。
2. 馴化・脱馴化実験法と選好注視法との違いを考えてみよう。
3. 研究倫理とは，どのようなものか調べてみよう。

■参考図書

無藤隆・子安増生編著『発達心理学 I』東京大学出版会，2011年
開一夫・齋藤慈子編『ベーシック発達心理学』東京大学出版会，2018年
高野陽太郎・岡隆編『心理学研究法――心を見つめる科学のまなざし』有斐閣，2004年

第2部

身体と情動の発達

第 2 部では，人間発達の側面のなかでもっとも基本的な生物学的基盤を持つ身体の発達と情動の発達について学ぶ。

第 3 章の身体の発達では，受精後出生までの胎芽期・胎児期をはじめ，誕生後子どもの身体がどのように変化していくかを，保育園・幼稚園時期・小学校時期・中学と高校時期のように，各学校段階を通して成長の特徴を知覚と運動を中心にみていく。

第 4 章の情動の発達では，情動があらわれる前段階の新生児期からどのように分化して，現在の皆さんが経験するような豊かな感情・情動が生まれるのか，そのプロセスを学ぶ。また，社会のなかで生きていくために不可欠な情動を整える能力「情動調整」について，他者情動の理解や共感性の発達を含め多角的に捉えられるようになることを期待する。最後に近年話題に上ることが多く，「社会的知能」「心の知能指数」「情動コンピテンス」または「非認知的能力」などとして紹介されている「情動的知能」について紹介する。

この第 2 部の学びを通して自分の心と身体の発達について考えるとともに，幼児から児童や生徒までのそれぞれの学校生活における行動の理解につなげてもらいたい。

第３章　身体の発達

本章ではそれぞれの時期において身体がどのように発達していくのかについて知覚や運動能力とのかかわりにも言及しながら学ぶ。

胎内では，出生後の環境で過ごしていくための準備をすると考えられる。そして，出生から青年期ごろまでは多くの部分が大きくなったり伸びたりするといった発達をする。皆さんにもわかりやすい発達がみられる時期だろう。成人期に入ると年齢とともに伸びていく発達は目立たなくなり，成人期の後半から老年期にかけては衰えも目立つようになってくる。ただ，このような喪失面での発達はもともと持っている資質や日々の習慣，環境などにより，衰え始める年齢やペースの個人差が大きいといえる。

キーワード

発育　原始反射　随意運動

第１節　受精から誕生までの発達的変化

卵子と精子が融合して受精した後，受精卵は分裂を繰り返しながら子宮に移動し，子宮内膜に着床することで妊娠が成立する。受精してから着床するまでは約８～10日かかり，この間を胞胚期と呼ぶ。

その後，受精から妊娠８週ごろまでを胎芽期と呼ぶ。この時期に身体の原型となるような諸器官が形成され，心臓の鼓動も確認されるようになる。ただ，この時期はウイルスや放射線，化学物質などの影響を受けやすく，胎盤もできあがっていないために流産することも少なくない。

妊娠９週から出生までを胎児期と呼ぶ。妊娠15週ごろになると胎盤が完成するが，胎盤は母体の血液中にある有害物を通さないようにフィルターの役割を果たし，胎盤を通じて母体から胎児に栄養が補給される。また，髪の毛も生え始め，羊水のなかを活発に動くようになる。

妊娠後期に入ると胎児の身長・体重は大きく成長するとともに，様々な機能が獲得され，生まれても生存できる確率が高まる。妊娠37週から41週での出産を正期産と呼び，このころまで胎内ですごした場合には平均すると身長約50cm，体重約3,000g 程度に成長する。

なおこの間，身体が大きくなっていくだけでなく，様々な器官ができていき，だんだん生まれた後の姿に近づいていく。胎児の発達は疾患や染色体など遺伝的な要素とともに，母親の健康状態や栄養状態，健康状態などが影響し合いながら進んでいくこととなる。そして，単に大きさが大きくなっていくだけでなく，生まれた後の環境に適応できるように身体が準備されていく時期であるといえる。

第２節　新生児期から保育園・幼稚園時期までの変化

（1）身体の発育

出生に伴い，新しい環境に合うように新生児の身体には変化が起こる。これは，酸素や栄養のとり入れ方が胎内にいるときとは変わるためである。

また，身体の発育のペースは著しく，身長，体重ともに大きな伸びをみせる。乳幼児期の発育については全国平均値との比較やカウプ指数などの指数による評価が用いられることが多い。

全国平均値としては厚生労働省（2011）による「乳幼児身体発育調査」の結果（**図 3 - 1**）と比較することで，個々の子どもの発育状態を評価することができる。母子手帳などでもこのように時期ごとの身長や体重を記録することで発育の様子を確認することがある。ただ，発育のペースには個人差があるため，この発育曲線通りに発育していないから問題だというわけではない。あくまでも個々の子どもの身長や体重が順調に伸びていっていることが重要である。

一方，カウプ指数は身長と体重の値を組み合わせて評価をする上で用いら

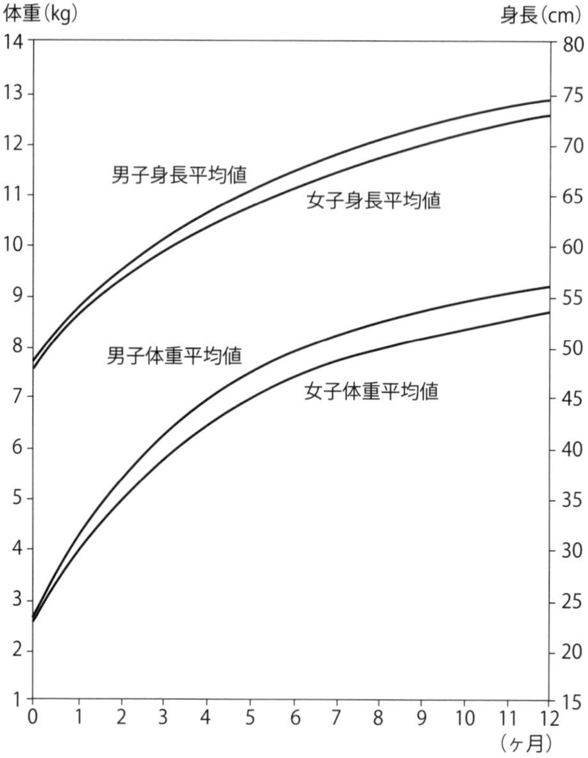

図3-1　乳幼児の体重および身長

（厚生労働省，2011より筆者作成）

れる指数であり，以下の式で算出される。

カウプ指数＝体重（g）／身長（cm）^{2}×10

カウプ指数の正常範囲は15～18程度であり，数値が大きいと太っている，小さいとやせていると判断されるが，年齢によっても基準が異なる。また，肥満の問題だけでなく，栄養状態の悪さを発見するために用いられることもあるが，体格の個人差もあるため，この結果だけで機械的に判断されるものではない。なお，乳児期に比べると幼児期は体型が細長くなり，頭と身体の

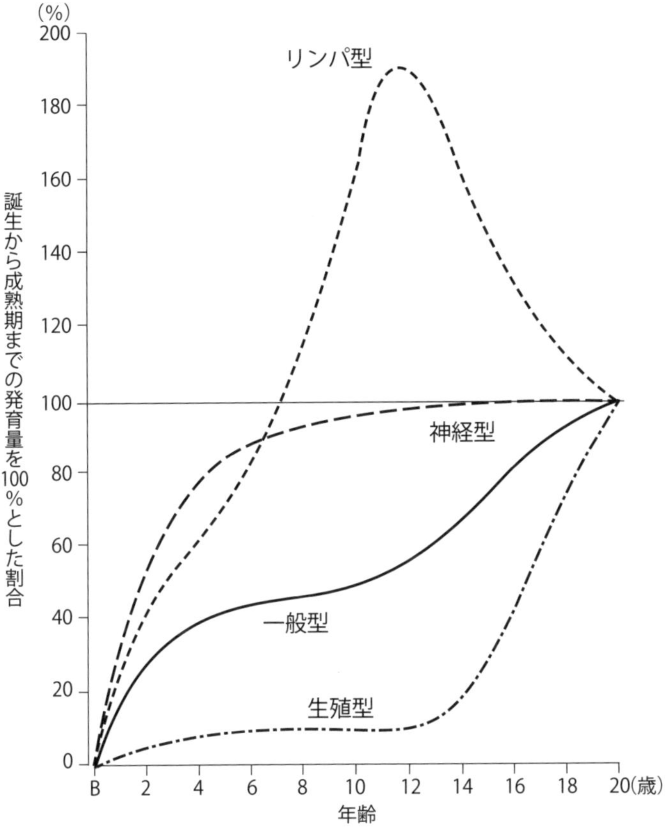

図3-2　スキャモンの発育曲線

(Scammon, 1930)

バランスも変わってくる。

また，スキャモン（Scammon, 1930）によると，各臓器によって発育の様相が異なるということが示されている（**図3-2**）。これは成人になったときの発育量を100としたときの割合を年齢とともにグラフ化したものである。身長，体重や呼吸器，消化器，筋肉や骨格などといった部分（一般型）については，ペース差はあるものの年齢とともに伸びていくといった形をみせる。それに対し，脳や脊髄，眼球など（神経型）は乳幼児期の伸びが大きく，生

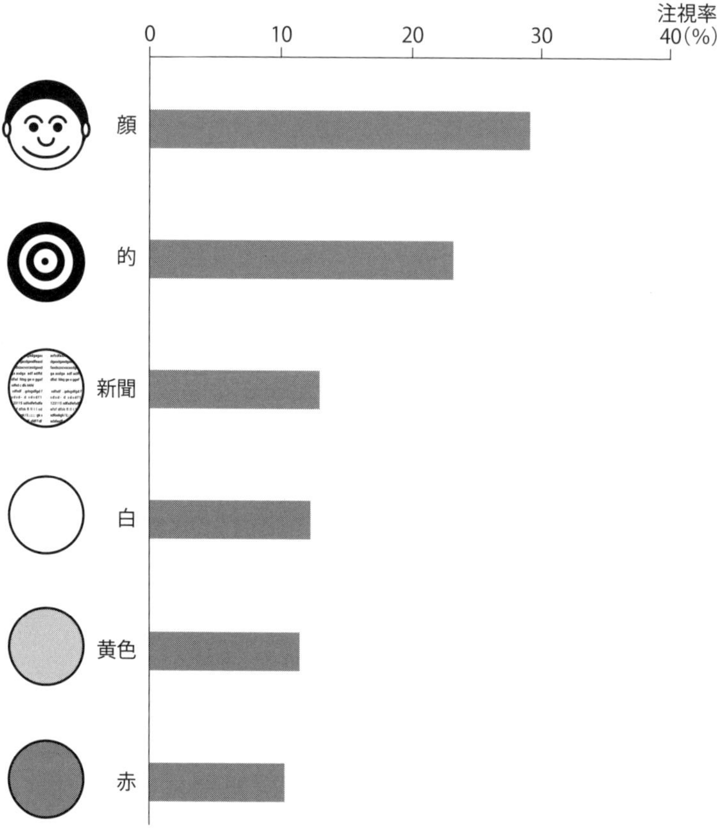

図3-3　乳児による図形注視率

（Fantz, 1963より筆者作成）

まれて10年ほどで成人に近いレベルまで伸びることがわかるだろう。また，睾丸や卵巣，子宮など（生殖型）は乳幼児期の伸びは小さいが，思春期に入ると急激な伸びをみせる。そしてリンパ節や扁桃など（リンパ系型）は成人よりも高いレベルに達する時期があり，10歳すぎでピークをむかえた後，だんだん落ち着いてくるという形を描いている。このように，身体の各部分の発達のペースは一様ではない。

図3-4　視覚的断崖装置を用いた実験の様子
（Gibson & Walk, 1960より筆者作成）

（2）知覚の変化

新生児はまだ目が見えていないと考えている人もいるかもしれないが，ぼんやりとした視界ながら目が見えていることがわかっている。視線をスムーズに動かせるようになってくると，ものの形を認識することが可能になる。

ファンツ（Fantz, 1963）の報告によると，様々な模様の図を乳児に見せたところ，生後48時間以内の乳児でも人の顔の図を長く注視することが示された（**図3-3**）。

また，ギブソンとウォーク（Gibson & Walk, 1960）は生後6ヶ月の子どもを対象とした実験のなかで，奥行きを知覚できることを示している。この実験では，**図3-4**のような視覚的断崖装置を用い，乳児にハイハイをさせたところ，視覚的断崖の手前で怖がって進まなくなったという。これはこの時期すでに奥行きを認知できているということを示している。このような奥行きの認知は乳児の動きにも影響してくると考えられる。

聴覚については，胎児期から機能し始めているということが示されており，新生児であっても音の強弱を聞き分けたり，物の音と人の声の区別をしたりすることができる。したがって，比較的早い段階においても音の出るおもちゃなどへの興味を示しやすいと考えられる。また，味覚や嗅覚については甘い味を好む傾向があるとされる。自分の母親の母乳とそうでないものとを区別できたり，ミルクの種類に対して好みを示したりすることもある。このように，新生児の段階から様々な感覚能力が働いているということがわかっている。

（3）運動能力の変化

新生児は外界からの刺激に対し，原始反射と呼ばれる反応をする。たとえば，口に触れたものに吸い付く吸啜《きゅうてつ》反射や，手のひらに触れたものを握る手掌把握反射などが挙げられるが，これらの反応は新生児自身の意思をもっておこなっているわけではない。

しかし，月齢が進むとともにこれらの原始反射は次第に消えていき，随意的な運動ができるようになっていく。反射の種類によって消失する時期には違いがあるが，消失すべき時期に消失するということが順調な発達を示している。なお，本人の意図でおこなわれる随意運動の発達は，頭部から脚部へ，身体の中心部から周辺部へといった一定の順序にしたがう傾向があるとされている。

随意運動のなかで，座る，立つなどといった身体全体を使うような運動を粗大運動と呼び，腕や手指などを用いる精密な動きを微細運動と呼ぶ。

粗大運動が発達していく順序には，一定の方向性があるとされるが，発達のペースは個人差がある。座る，ハイハイをする，歩く，などといった動きはできる／できないという違いが見えやすく，発達の違いも目立つように思われる。同じぐらいの月齢の子どもたちと比較して一喜一憂するのではなく，その子なりの発達を見守ることも必要になるだろう。

生まれて間もない赤ちゃんが手を握っているのは原始反射の１つであったが，随意的にものをつかもうとするようになるのは生後３ヶ月ごろである。

目と手の協応動作が可能になる５ヶ月ごろからは目で見たものをつかむという動作ができるようになる。私たちが当たり前のようにおこなっているこの動作は目でものをとらえること，ものと自分との距離を把握すること，その場所に合わせて手を伸ばすこと，その場で指を開き適切な力をかけてつかむこと，などといったように，様々なプロセスを必要とする動作であり，それらが組み合わさることで可能になっていく。

乳児が積み木をつかめるようになるまでの段階を分析した研究によると，徐々に移行する様子が報告されている（Halverson，1931）。**図３-５**を見ると，手を伸ばして積み木に触れられるようになり，ぎこちなく握ったり掃き集めるように握ったりする段階を経て，手指を使えるようになっていく様子が見て取れるだろう。

微細運動は日常生活のなかでも食べ物をつかむ，スプーンを使用する，ボタンをかける，絵を描くなどといった活動と結びついている。微細運動の力が伸びることでこれらの活動が可能になり，また，これらの活動をすることでさらなる発達を促すという関係性が考えられるだろう。

幼児期後半になると，身体の平衡機能が発達し，スムーズに走ったり止まったりすることや，ケンケンやスキップなどといった動きも可能になる。こ

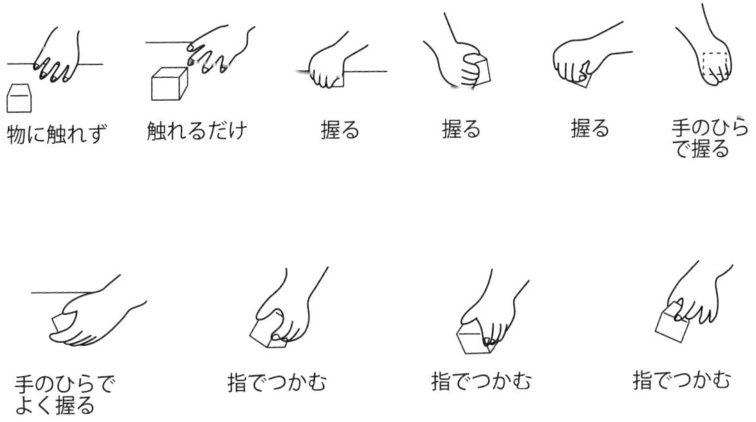

図3-5　つかみ方の発達

（小野寺，2009，p.97）

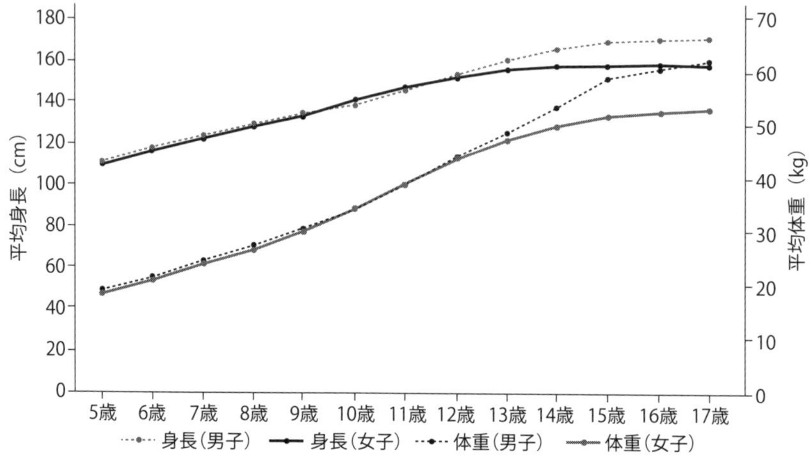

図3-6　年齢による身長・体重の平均値の推移

（文部科学省，2019a より筆者作成）

れらの発達には，年齢に伴って筋力などがついてくることでできる動きが増えるという側面とともに，日常生活のなかでどのような動きをする機会があるのかといったことも影響する。また，動きの範囲が広くなってくるため，不慮の事故には注意が必要である。

微細運動についても，鉛筆やクレヨンなどを使って絵を描いたり，食事の際に箸を使用したりするなど，より細かい動きが可能になる。だんだん自分で身のまわりのことをするようになるため，食事や着替えなどといった日常生活上の動きや様々なあそびを通じて発達する。場合によっては大人がやってしまった方が早く，確実にできるような場面であっても，本人の試行錯誤を待つということも必要になるだろう。

第３節　小学校時期から大学生時期までの変化

小学校の時期は，**図３-６**に示すように安定した身体の発育をすることが多いが，高学年になると第二発育急進期に入る子どもも出てくる。一般的に女子の方が早く急進期を迎えることが多い。

我が国においては肥満傾向児の割合の増加も指摘されていたが，2003（平成15）年度ごろより減少傾向であるとされている（文部科学省，2019a）。なお，幼児期に始まる肥満は過食や運動不足によって引き起こされるため，小学生になっても継続することが多い。

青年期に入ると，第二次性徴が出現するようになり，男女の体型差も大きくなる。自我同一性が獲得されていない状態で体型の変化が起こることにより，自身の望むイメージとは異なる体型の変化に対して心理的に不安定となり，無理なダイエットに励んだりすることも起こる。また，テレビや雑誌，友人の存在などが青年期の身体イメージに大きな影響を与えているということも考えられる。

年齢とともに運動能力も伸びていくが，伸び方は一律ではないと考えられている（文部科学省，2019b）。一般的な傾向として，様々な運動能力について男子の平均成績が女子のものを上回った状態で成長していくことが多い。また，女子が中学生ごろの時期に成長のピークを迎えやすいのに対し，男子は高校生から成人のころまで成長が続くことが多いとされている。

微細運動の発達にかんする腕や肩などの発達は，小学校の高学年ごろにはかなり高いレベルにまで達するものの，指先の動きを求められるものはその後に上達することも少なくない。一方，加齢だけでは説明できないこともあり，たとえば小学生以降になっても箸を正しく使えないことがある。これは，指の筋肉の発達における問題ではなく，正しい持ち方を学んだり，実際に正しく使用したりする経験が不足していることによると考えられる。

第４節　大学生時期から高齢期までの変化

成人期の身体的変化は身体の器官によって異なるものの，60代までは全体的に緩やかな変化である。

女性は40～50代におこる閉経に伴い更年期を迎える。更年期には，急に身体が熱くなって汗が止まらなくなったり，逆に手足が冷えすぎてしまったり，動悸が止まらなくなったりするなど様々な症状がみられることがある。閉経年齢は個人差が大きく，更年期障害の程度もかなりの個人差がある。更年期障害を引き起こす原因としては，閉経に伴ってエストロゲンの分泌が減少することの他，本人を取り巻いている環境要因，また本人の性格などがあるとされている。なお，男性には閉経のような身体的変化はないために更年期障害は女性特有のものであると考えられていた時代もあったが，男性にも更年期障害がみられることがわかってきている。このような時期を迎えると，身体的にも何らかの不調を訴える人の割合が多くなり，気分も下がりやすいが，前向きに過ごすことが大切だとされている。

老年期になると身体の細胞や組織の変化により，身体的機能が低下することが多くなってくる。たとえば視力や聴力などについて，日常生活に支障をきたすことも出てくるだろう。また，白髪の増加や皮膚の老化などが現れてくることもある。身体的な老化には先天的な要素とともに，栄養状態や住環境，生活習慣や疾病など様々なものが影響するため，個人差が非常に大きい。

■引用文献

Fantz, R. L., Pattern vision in newborn infants, *Science,* 140, 296-297, 1963

Gibson, E. J., & Walk, R. D., The "visual cliff," *Scientific American*, 202, 67-71, 1960

Halverson, H. M., An experimental study of prehension in infants by means of systematic cinema records, *Genetic Psychology Monograph*, 10, 107-286, 1931

厚生労働省「平成22年乳幼児身体発育調査の概況について」2011年（https://www.mhlw.go.jp/stf/houdou/0000042861.html）（2020年4月26日閲覧）

文部科学省「平成30年度学校保健統計（学校保健統計調査報告書）の公表について」2019年a（https://www.mext.go.jp/component/b_menu/other/__icsFiles/afieldfile/2019/03/25/1411703_01.pdf）（2020年4月26日閲覧）

文部科学省「調査結果の概要」「平成30年度体力・運動能力調査報告書」2019年b（https://www.mext.go.jp/prev_sports/comp/b_menu/other/__icsFiles/afieldfile/2019/10/15/1421922_3.pdf）（2020年4月26日閲覧）

小野寺敦子『手にとるように発達心理学がわかる本』かんき出版，2009年

Scammon, R.E., The measurement of the body in childhood, In Harris, J. A., Jackson, C. M., Patterson, D. G. & Scammon, R. E.（Eds.）*The Measurement of Man*, University of Minnesota Press, 1930

■課題

1. インターネットの動画検索などを用いて，様々な原始反射の動きを確認してみよう。
2. 随意運動や微細運動の発達につながる乳幼児期の遊びにはどのようなものがあるのか挙げてみよう。また，それらの遊びがどのように運動能力の発達にかかわっているのか説明してみよう。
3. 時期ごとに運動能力が発達してくることによって，子どもたちの活動はどのように変わってくるのか，比較しながら考えてみよう。
4. 育児書やテキストなどに書かれたペースで身体の発育や運動能力の発達が進んでいかないと悩んでいる保護者に対して，どのような情報をどのように伝えていけば良いのか考えてみよう。

■参考図書

藤永保監修，勝浦クック範子『日本の子育て　アメリカの子育て――子育ての原点をもとめて』サイエンス社，1991年

スレーター，A. M.・クイン，P. C. 編『発達心理学・再入門　ブレークスルーを生んだ14の研究』加藤弘通・川田学・伊藤崇監訳，新曜社，2017年

第４章　情動の発達

私たちは日々の生活において，人とのかかわりのなかで様々な感情を経験する。ドラマを見て感動して泣いたり，コントや漫才で笑ったり，友だちに負けて悔しがったり，兄弟・姉妹に嫉妬したこともあるかもしれない。ところが，それらの豊かな感情は，生まれながらに備わっているものではない。私たちは成長の過程において，とても複雑な心の機微を表現するような多様な感情を発達させてきたのである。本章では，意識的・無意識的な感情がどのように発達してくるのか，その過程についての理論を紹介する。また，学校教育や仲間との関係のなかで，自己の感情を調整する方法をどのように身につけていくのかを詳細にみていくことにする。最後に，近年注目されている能力の１つである社会情動的認知能力または情動知能について詳しく説明する。

キーワード
感情・情動　愛着　社会情動的認知能力　情動知能　感情の調整

第１節　保育園・幼稚園時期までの情動の発達理論

（1）情動とは何か

私たちは，喜怒哀楽愛憎などの様々な感情（feeling）を持っており，毎日の生活のなかで，笑ったり泣いたりなどして言葉や表情でそれらを表現している。それでは，情動（emotion）は感情と何が異なるのであろうか？　情動は，喜怒哀楽などの感情とともに，笑ったり泣いたりなどの表情や言動による（外界への）表出や，身体的変化（冷や汗・顔面蒼白・鳥肌がたつなど）を含むものであると定義されている（遠藤他，2014）。

（2）乳幼児期の情動発達の理論とモデル

誕生時から感情がどのように発達・分化するのかということにかんする理論の代表的なものとして，ブリッジス（Bridges, K. M. B.）とルイス（Lewis, M.）の２つの理論があげられる。どちらの理論も，誕生時の子どもには感情と呼ばれるものはないと述べている。

ブリッジスの情動発達理論

ブリッジスは，誕生から２歳くらいまでの情動がどのように発達するのかを「情動の分化」という観点から理論化している。新生児には，喜怒哀楽などの感情はまだみられない。生まれて間もない乳児は，「興奮（泣き叫ぶなど）」か「非興奮（穏やか）」の状態のみであるが，養育者とのかかわりのなかで経験し，学習することによって様々な感情に分化していくと考えられている（**図４-１**）。

誕生時には未分化な興奮から，３ヶ月ごろになると「快」「不快」が分化する。６ヶ月までには，不快はより精細な感情である「怒り」「嫌悪」「恐

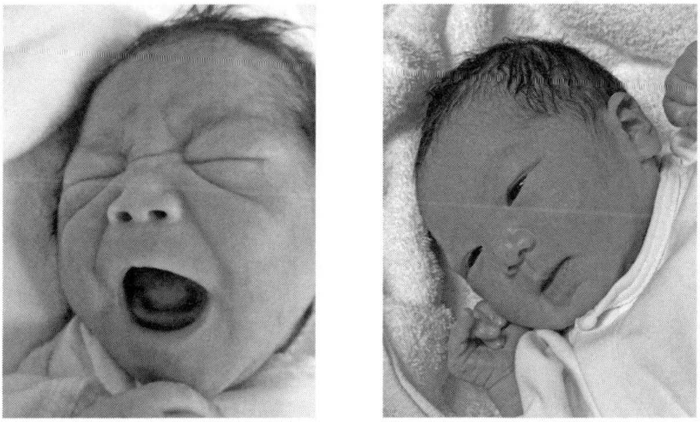

興奮　　　　非興奮

図4-1　誕生数時間後の新生児の興奮と非興奮

（木村・高平写真提供）

れ」などに分化していく。また，6ヶ月を過ぎると，快感情は「得意」や「愛情」に分化し，1歳半までに愛情はより細かな「大人への愛情」「子どもへの愛情」に分かれると考えられている（**図4-3**）。子どもの生物学的成熟と社会的環境との相互作用のなかで，より精細な感情に分化していくという考え方は，近年の構成主義的理論として一定の評価はある。しかし，感情分化のプロセス自体は，ブリッジスが提唱するよりもっと早くに獲得されるのではないかという考え方が，近年注目を浴びている。

ルイスの情動発達理論

ルイスは，情動の発達における認知発達の役割を重要視し，認知の発達が感情・情動の分化を促進すると考え，認知レベルによって大きく「一次的情動」と「二次的情動」に分類し理論化している。一次的情動は，生まれて間もなく現れ，自己意識とかかわりなく表情として表出された情動がみられる。個人差はあるが，約半年から1年未満に「充足」から「喜び」へ，「興味」から「驚き」へ，「苦痛」から「悲しみ・嫌悪」へ，そして「怒り・恐れ」へと分化されると述べている（**図4-2, 3**）。二次的情動は，照れ・恥・誇

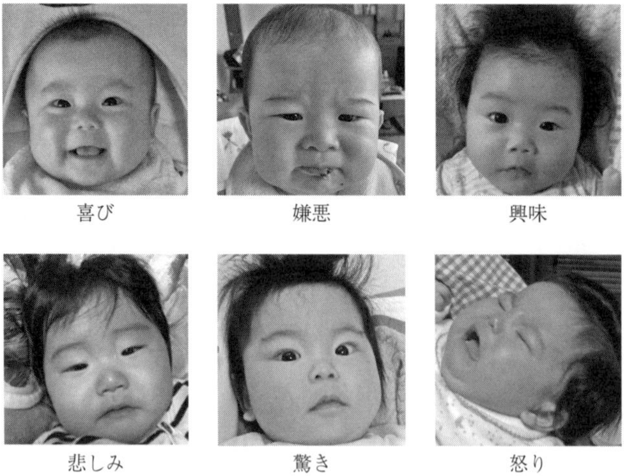

図4-2　乳児の様々な表情

（布施・木村・高平写真提供）

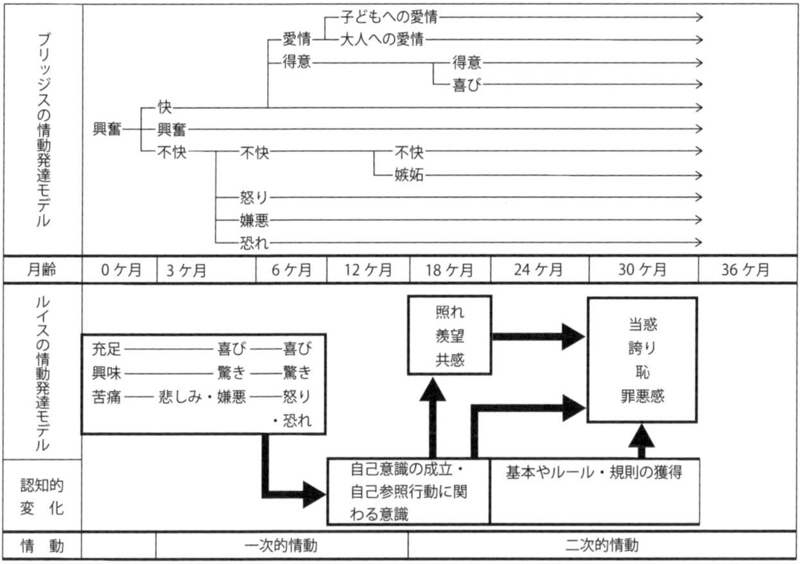

図4-3　ブリッジスとルイスの情動発達モデル

（Bridges, 1932を基に，筆者作成）

り・罪悪感・当惑・共感・羨望などの自己意識がかかわる情動を指す。鏡像認知によって確かめられる鏡映的自己（第 8 章参照）や，他者理解（第 9 章参照）に通じる共感が芽生える 2 歳前後からみられるようになる。これは，自己を客観的にみられるようになるためであり，他者の存在と自分が見られる存在であることを意識していると考えられる。したがって，二次的情動の発達と自己理解や他者理解の発達とは切り離せないのである。

（3）愛着と情動発達

愛着（アタッチメント）とは

ボウルヴィ（Bowlby, J.）は，乳児が特定の大人との情緒的で深い信頼関係による結びつきができることが，子どもの社会的な能力を育むことにとても重要であると述べている。この特定の大人との感情を伴った信頼関係による

表4-1　ボウルヴィの愛着の発達段階

段階	時期	内容
第1段階	誕生から8～12週ごろまで	誰に対しても同じような反応を示す
第2段階	生後12週ごろから6ヶ月ごろまで	特定の相手に愛着を抱きはじめる
第3段階	6ヶ月ごろから2，3歳ごろまで	特定の人に愛着を持ち，つねにその人と一緒にいたいという態度を示す
第4段階	3歳ごろから	離れていても心のなかに特定の人との絆ができている

（小野寺，2009，p.26より筆者作成）

結びつきを「愛着」という。この愛着がみられるのは，ほとんどの場合は母親や父親であるが，子どもに寄り添い深い愛情を注ぐことができれば，血縁関係でなくとも愛着は育つことがわかっている。逆に，実の親子であっても信頼関係による深い結びつきがなければ愛着は育たず，愛着対象が誰もいない場合は大人になってから何らかの情緒的・対人的問題を抱えることもある（岡田，2011）。

ボウルヴィは愛着の発達を 4 つの発達段階で示している（**表 4 - 1**）。各段階の時期には個人差があるが，愛着が成立するのは子どもに人見知りがみられるようになる 3 歳ごろからといわれている。

愛着理論

愛着の個人差に注目し，ストレンジ・シチュエーション実験（コラム参照）を通してその要因と分類をおこなったのがエインズワース（Ainsworth, M.D.S.）であった。彼女は，日常生活のなかで子どもが経験する分離場面や再開場面を通して，母子の関係を 4 つに分類（A：回避型，B：安定型，C：アンビバレント型，D：無秩序・無方向型）し，その特徴を明らかにした（Ainsworth, et al., 1978）。

コラム　ストレンジ・シチュエーション実験

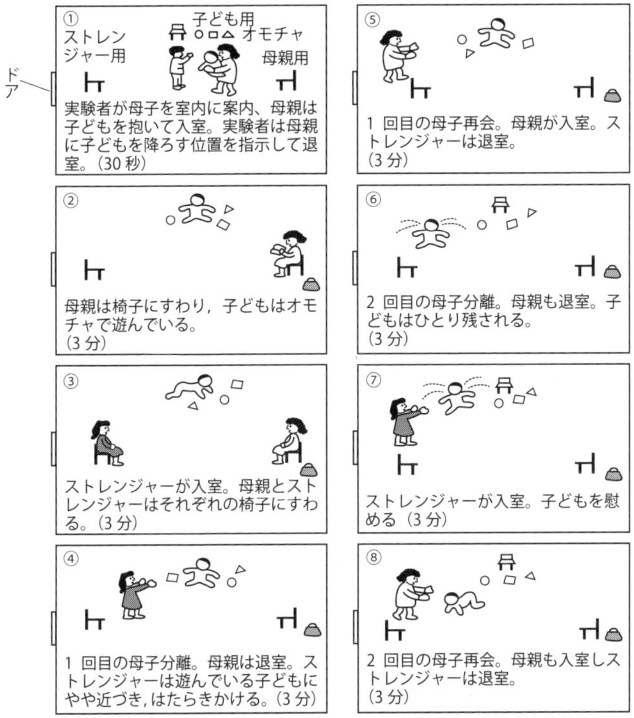

（繁田，1987）

子どもの行動のタイプ

愛着タイプ	子どもの行動
Aタイプ（回避型）	母親がいなくなっても泣かず，帰ってきても避けようとする
Bタイプ（安定型）	いるときは活発で，いなくなると少しは泣くが，帰ってくるとすぐに落ち着く
Cタイプ（アンビバレント型）	いなくなると激しく泣いて強い不安を示し，帰ってくると近づくが，怒ったような行動も同時に示す
Dタイプ（無秩序・無方向型）	接近と回避が同時。顔を背けながら近づいたり，不自然な行動を示す

（小野寺，2009，p.91より筆者作成）

コラムにあるように，愛着の個人差は大きく4つのグループに分類されるが，もっとも環境に適応しているのは，探索行動からBタイプ（安定型）であろう。しかし，不安定にみえる回避型とアンビバレント型も養育者との近接性の維持の観点では適応型といえる。タイプD（無秩序・無方向型）は養育者との近接性の観点からは不適応と考えられる。

青年期・成人期における愛着

特定の他者に対する情動的な特別な絆を持つという愛着行動は，対象や形を変えながら生涯を通じて存在し，自己の確立や社会適応に重要な意味を成すと考えられる。乳幼児期には，愛着対象は両親であるが，子どもの社会が学校や地域へと広がるにつれて，愛着の対象も友人・恋人へと変化し，成人後は夫婦へとつながる。また，特定の対象に情動的な特別な結びつきを持つという意味では，愛着対象が人間とはかぎらず，ある特定のモノの場合もあれば，ペットの場合もあると考えられている。

第2節　情動調整

私たちは，毎日の生活のなかで様々な感情を経験しながら，時と場合に応じて自分の感情をそのまま出すこともあれば我慢することもあり，調整しながらうまく社会のなかで暮らしている。この情動調整がどのように発達しどのような要因に影響されるのかを考える。情動抑制とは，情動を抑えることであるが，情動調整とは文字通り整えることを指す。そのため，抑えつけ過ぎることによる精神的ストレスの軽減や，人間環境のなかでもっとも適応的にふるまうためには，情動調整が必要不可欠であるといえる。

（1）情動調整の発達

生後3ヶ月ごろまでは，快・不快などの感情表出に限定されるが，空腹や排せつなどの生理的欲求によって不快が生じることが多い。この時期の乳児の情動調整は，泣くという行動によって養育者に調整（お乳をもらいおしめを替えてもらうなど）を促す場合がほとんどであるが，3ヶ月ごろになると，限定的ではあるが自分から不快な刺激を避けるなどの行動がみられる。3ヶ月を過ぎると，養育者に対して微笑む様子やわざと視線を逸らす行動もみられる。1歳近くになると「社会的参照」（第9章参照）として，不安な状況下においては養育者の表情を読み取り自分の行動の判断基準として調整することができる。

1歳半ごろから始まり2歳になると特によくみられるのが，養育者の要求をはっきりと拒絶するような行動で「いやいや期」と呼ばれる。また表象や記憶の発達も著しく，言葉で情動を伝えようとする。

たとえばある2歳児が，風に揺れてバウンドするパワーショベルを見て，「あの工場，喜んでるね」と母親に話しかけている（Takahira, 2017）。これは，うれしいときに飛び跳ねて喜んだ自分の行動とパワーショベルが風に揺れてバウンドする様子を重ねて「喜んでいる」という感情を付与していると考えられる。一方，不快なことがら（歯を磨くなど）に関しては，計画的に排除（叱られそうなときに親が来る前に逃げるなど）する行為もある。3，4歳になると，言葉による情動調整が発達し，自分で行動を自律できるようになり，5，6歳になるとますます自分の感情を言葉で伝えようとする傾向がみられるようになる。

（2）他者情動の理解の発達

子どもはかなり早くから他者の情動を理解しようとする行動がみられるが，そこには表出的手がかり（表情・音声・しぐさなど）と状況手がかり（情動が起こる場面）の2つの手がかりを用いていると考えられる。大人の悲しみや驚きの表情を見たとき，生後まもない乳児でも人の表情がわかっているかのような表情模倣行動がみられるが，表情の模倣と表情の理解とは異なるのではないかという批判もある（Meltzoff & Moore 1983）。

なぐさめ行動

他者が泣いていたり，悲しんだりする様子を理解してなぐさめようとする行動は，1歳ごろからみられ，自分がされたことがある行動（頭を撫でる）でなぐさめようとしたりする。1歳半ごろになると，他の子どもが泣いているのを見て，自分の好きな人形（自分がなぐさめられてうれしいもの）などをさしだしてなぐさめようとする行動もみられる。2歳以降になると，自分がうれしいものでなぐさめるのではなく，相手の子どもが欲しがっているものでなぐさめることができるようになる。

内的特性（パーソナリティ）の理解

幼児は他者の好き嫌いやパーソナリティなどの内的特性を用いて他者の情動を推測することがわかっている（松永，2005）。登場人物の気持ちを理解する課題で，年少児・年中児は，登場人物の気持ちは自分の気持ちと同じであると回答することが多い。しかし年長児になると，自分の気持ちと登場人物の情動を混合する場合もみられるが，適切に他者情動の推察ができる子どもも多くなる。

共感性の発達

共感（empathy）とは，他者の感情状態やおかれている状況を理解して相手の気持ちになる（代理的情動反応）ことである。類似の用語である同情（sympathy）と混同されやすいが，同情は他者の苦悩・悲しみに対する自身の情動反応である点が異なる（Eisenberg & Miller, 1987）。

共感性の発達は，自己と他者にかんする概念発達と密接に結びついている。ホフマン（Hoffman, 1987）によると，0歳児はまだ自他の区別がない時期であるが，他の子どもが泣くのを見て，自分も泣きそうになるなどの共感的苦痛を経験するという。1歳を過ぎるころには，泣いている子どもに対してなぐさめる行動がみられるようになる。自己と他者の区別はつくようになるが，自分と他者の気持ち（内的状態）の区別はまだなく，自分がうれしいこと（自分の母親をつれてくるなど）を相手にしてなぐさめようとする。2歳以降になると，自己と他者の区別がより明確になり，自分がうれしいことと他者がうれしいことには違いがあることに気づくようになる。前述のように他者の欲求に応じたなぐさめ方ができるようになる。児童期に入ると，認知機能の発達によって，他者理解が促進され，自分とは異なる他者の生活や状況を想像・理解して共感的反応（苦しみ・悲しみ・喜びなどの情動反応）を示すようになる。また，成長するにつれて，よりグローバルな問題である戦争・貧困・差別などの集団が抱える問題に対しても理解し共感することができるようになる。これら共感性の発達には個人差もあり，生得的な気質や社会的視点取得（他者の感情を含む状況を理解すること）・社会的環境（養育者との愛着や養育者の共感性など）なども影響すると考えられている。

（3）学校のなかでの情動調整

学校生活のなかで友だちとの人間関係や成績やスポーツにまつわる社会的比較などを経験することで，相手の気持ちを理解し思いやりや共感性を育むと同時に，嫉妬や妬みを経験することも多くなる。どのような状況で自分の感情表出を我慢すべきか，時と場合によってコントロールすることを学んでいく。しかし，その情動調整がうまくいかないと仲間外れなどのいじめの加害者になったり問題行動に発展する場合も多い。

コラム　キレやすい子どもと睡眠障害

家庭のなかや子ども同士の人間関係において，特に最近，キレやすい子どもの存在が注目されるようになってきた。近年の傾向として，家庭内での親子関係や子ども同士の関係において，些細なことで暴言を吐いたり，殴ったりけったりと手が出てしまう攻撃的な行動表出がみられる。本来なら我慢できるような状況において，情動を爆発させて攻撃的表出をすることを「キレる」という。このような「キレる」原因の１つとして挙げられるのが，ゲームやパソコン・スマホ使用などによる睡眠不足である。慢性的に睡眠時間が充分に取れていない子どもは，脳の神経細胞の働きが低下し，情動コントロールが困難になるためにイライラしたり学習への意欲が低下したりして学力低下につながると考えられている（三池，2014）。

（4）思春期以降の情動調整

小学校高学年11，12歳になると性ホルモンの分泌が盛んになり思春期に入る。この時期は，身体的変化に精神的変化が追い付いていない時期でもあり，この成熟のアンバランスによってイライラしたり，親にも反抗的な態度をとるようになる。また，学校や仲間関係が特に重要な意味を持ち，仲間からの承認や拒絶に対処する社会情動的認知能力が育っていく。相手の心のなかを理解（メンタライジング〈Ballespi, et al., 2018〉という概念でも知られている）して，もっとも適応的に自分の行動を決定していくためには，自分の情動調整が必要となる。感情にかかわる脳領域である大脳辺縁系は，性ホルモンの影響を受けて思春期に急激に発達するが，その感情を調整する役割の前頭前皮質はホルモンの影響をあまり受けないために，成熟するのには20代半ばくらいまでかかる。そのため思春期には様々な感情を経験し始めるが，思慮深い判断ができないこともあるために，感情に任せた行動で失敗したり傷ついたりすることがある。

他者の情動を理解し自己の感情と行動を調整する情動調整の能力は，社会人となり会社や地域社会のなかで生活していくためには重要な能力である。そのような情動調整を含む認知能力である情動知能について，次節で述べる。

第3節　情動知能

情動知能（emotional intelligence）は，学力やIQテストでは測ることができない種類の知能・知性である。類似の概念として，情動知能指数（Emotional intelligence quontient: EQ）・社会情動認知（socio-emotional cognition）・非認知能力（non-cognitive ability）などがある。第1章で述べたように非認知能力は「認知」ではない能力と誤解を招く恐れがあるが，社会情動的認知能力と同義と考えられ，「学力やIQでは測れない異なる認知能力」という意味である。したがって，情動知能もほぼオーバーラップする概念であるといえる。情動知能は，社会のなかでもっとも適応的にうまく生きていくためには必須の能力であり，特に日本社会のように集団のなかでの調和・協調性を重んじる社会では重要視される傾向がある。

(1) 情動知能とは

情動知能の考え方は研究者によって異なる。これまでに多くの心理学者が情動知能の類似概念を提唱してきた。80年代にガードナー（Gardner, H.）による多重知能理論（第6章参照）が提唱され，そのなかの「対人的知能」と「内省的知能」には，情動知能も含まれる。また，同時期にスターンバーグ（Sternberg, R.）は，情動知能を含む知能として「文脈的知能」を提唱している（第6章参照）。また近年，ジャーナリストであるゴールマン（Goleman, D）による EQ（emotional intelligence）や SQ（social intelligence）の概念がブームになっている（Goleman, 1995；土屋訳，1996）。ここでは，日本における情動知能研究のなかで，測定可能な尺度として確立されている情動コンピテンスの定義「社会の中で，自分の能力を生かし，他者とうまくやっていくためには，自分の感情は勿論，他者の感情も理解しコントロールしていくことが求められるが，こうした実際の社会場面において，より良い成果を達成していくことができるような情動的反応や行動の傾向のこと」を情動知能と考える（野崎，2017）。

情動知能は大きく自己領域と他者領域の2つに分けられると考える[1)]。自己領域は，5つの領域（自己の情動同定・自己の情動理解・自己の情動表現・自己の情動調整・自己の情動利用）からなり，他者領域も5つの領域（他者の情動同定・他者の情動理解・他者の情動表現・他者の情動調整・他者の情動利用）に分かれている（野崎・子安，2015）。自己領域（または他者領域）の知能が高い人は，自分（または他者）のことを客観的に見つめ，自分（または他者）がどのような感情状態であるか「同定」でき，感情が高ぶったり落ち込んだりしたときはどうしてそうなったのか「理解」することができる。また，自分（または他者）の気持ちをうまく他人に説明「表現」できたり，怒りを感じたときは落ち着かせる「調整」することができるとともに，自分（または他者）が楽しいと感じることを勉強の動機づけに用いたり「利用」できるのである。

（2）情動知能に影響する要因

人によって，社会適応力の重要な指標である情動知能にも大きな個人差がみられる。どのような要因がそのような個人差に影響するのであろうか？これまでの研究から先天的な子どもの気質，親子間の愛着スタイル，様々な経験などが影響すると考えられている。

乳児期の子どもの行動にはそれほど大きな個人差はみられないが，寝つきが良い子どもと悪い子ども，いつも機嫌が良い子どもと悪い子どもがいる。このような早期からみられる性質の違いは，生まれながらに持っている子どもの気質として考えられている。そのような先天的な物事に対する感情的反応の違いによって，周りからのフィードバックの違いを経験することになり，成長とともに情動知能の個人差に影響する可能性があると考えられる。

愛着にかんしては，中学校に入るまでの親への愛着スタイルごとに情動知能との関係を調べた研究（豊田，2014）がある。安定型は情動知能と正の相関がみられたが，回避型を高群と低群に分けて情動知能との関係を調べたところ，回避低群と情動知能の間にのみ正の相関関係が認められており，幼児期・児童期の愛着スタイルが青年期の情動知能に影響することがしめされた。また，自尊感情と情動知能との関係も示唆され，自尊感情が高い人ほど情動知能も高いことが明らかになっている。

他にも豊田（2008）は，共感経験の有無が情動知能に影響することを明らかにしている。自分が経験したことではなくても，相手の気持ちになるという共感経験をすることによって，同じような場面に自分が遭遇したとき，その共感経験を利用して自分の情動の制御が可能であることが考えられる。一方，ネガティブな経験を頻繁かつ長期にわたって経験することは，レジリエンス（ストレスに対する対応能力）を介して情動知能と関係が示唆された研究もある（角和，2019）。この分野はまだ研究途中ではあるが，幼児期からの感情経験が社会適応力に重要な情動知能に何らかの影響があることは考えられる。

(3) 情動知能と学校教育

情動知能は学校という社会のなかで，友だちとの関係をうまく築き，集団で問題解決したり目的達成のために協力行動をしたりすることで育まれると考えられる。したがって，学校は単に学力や知識を得るための場ではなく，情動知能を育む場としての役割が大きく見直されている。学校でのアクティブラーニングの多くは，グループによる問題解決型学習，プロジェクト学習などが取り込まれ，そこには必ずグループでのディスカッションや協調・協力する活動が含まれている。それらの活動を通して友だちの意見に耳を傾け，議論し，異なる意見に対しても感情的になるのではなく，論理的に説明できるスキルを身につけていくのである。

■注

1) 野崎らの研究では，「情動コンピテンス」という語を用いているが，ここでは，同義語として「情動知能」という言葉を用いることとする。

■引用文献

Ainsworth, M.D.S., Blehar, M.C., Waters, E. & Walls, S.N., *Patterns of attachment: A psychological study of the strange situation*, Erlbaum, 1978

Bridges, K.M.B., Emotional development in early infancy, *Child Development*, 3, 324-341, 1932

Ballespi, S., Perez-Domingo, A., Vives, J., Sharp, C. & Barrantes-Vidal, N., *Childhood behavior inhibition is associated with impaired mentalizing in adolescence*, PLOS ONE. 2018.

Eisenberg,N. & Miller, P.A., *Empathy, Sympathy,and altruism : Empirical and conceptual links*, Cambridge University press, 1987

遠藤利彦・石井佑可子・佐久間路子編著『よくわかる情動発達』ミネルヴァ書房，2014年

Goleman, D., *Emotional Intelligence*, Bantam, 1995（ゴールマン，D.『EQ ――こころの知能指数』土屋京子訳，講談社，1996年）

繁多進『愛着の発達――母と子の心の結びつき』大日本図書，1987年

Hoffman, M.L., The contribution of empathy, In Lewis, J.M. to justice and moral judgement, In Eisenberg, N. & Strayer, J.（Eds.）*Empathy and its development*, Cambridge University Press, 1987

角和麻衣子「青年期の情動知能と幼児期からの感情経験及び人的環境の関係」日本発

達心理学会第30回大会論文集，2019年
松永あけみ『幼児における他者の内的特性理解の発達』風間書房，2005年
Meltzoff, A.N. & Moore, M.K., New born infants : mitate adult facial gestures, *Child Development*, 54（3）, 702-709,1983
三池輝久『子どもの夜ふかし　脳への脅威』集英社，2014年
野崎優樹『情動コンピテンスの成長と対人機能——社会的認知理論からのアプローチ』ナカニシヤ出版，2017年
野崎優樹・子安増生「情動コンピテンスプロフィール日本語短縮版の作成」心理学研究，86（2），2015年
岡田尊司『愛着障害——子ども時代を引きずる人々』光文社，2011年
小野寺敦子『手にとるように発達心理学がわかる本』かんき出版，2009年
Takahira, S., Mechanisms of personification used in everyday life in preschool children, *European conference of developmental psychology, proceeding*, 2017
豊田弘司「女子大学生における情動知能に及ぼす共感経験の効果」奈良教育大学学術リポジトリ NEAR 教育実践総合センター研究紀要，17，23-27，2008年
豊田弘司「愛着スタイル，情動知能及び自尊感情の関係」奈良教育大学教育実践開発研究センター研究紀要，23，2014年

■課題

1. 子どもたちは，学校のどのような場面でどのような情動を経験するのか，自分の経験を踏まえて考えてみよう。
2. 愛着の4つのタイプについて，このようなタイプに分かれる要因には，どのようなことが考えられるか，考えてみよう。
3. 自分の情動知能を考えるとともに，自分の周りで情動知能が高いと思われる友人を思いうかべ，どのような行動の特徴があるか考えてみよう。

■参考図書

遠藤利彦・石井佑可子・佐久間路子編著『よくわかる情動発達』ミネルヴァ書房，2014年
野崎優樹『情動コンピテンスの成長と対人機能——社会的認知理論からのアプローチ』ナカニシヤ出版，2017年
三池輝久『子どもの夜ふかし　脳への脅威』集英社，2014年
岡田尊司『愛着障害——子ども時代を引きずる人々』光文社，2011年

第3部
知的能力基盤の発達

第3部では，知的能力基盤の発達として，言語発達・論理的操作能力の発達・実行機能の発達について学ぶ。

第5章の言語能力の発達では，思考の基盤となる言語獲得の理論を学ぶと同時に，誕生時から乳幼児期を中心にその過程について理解を深める。また，学校という社会のなかでの，児童の言葉の発達や社会的な影響要因について考察してもらいたい。

第6章の論理的認知能力の発達では，ピアジェの理論を中心に，乳幼児期からの発達段階説を学び，各段階における特徴が幼稚園・小学校・中学校などの各学校段階での学びとどのような関係があるかを考えてもらいたい。

最後に第7章の実行機能と記憶の発達については，その意味と機能について心理学や最近の認知科学の知見を紹介する。言語発達や論理的操作能力の基盤となる実行機能は，脳科学の知見を基にした私たちの思考・行動・感情などの意識的なコントロールにかかわる。保育園・幼稚園時期から小学校・中学校時期にかけて実行機能の発達について理解することは，子どもの行動や学習の理解につながると考える。

第3部を通して，学習の基盤となる様々な能力の発達的変化を理解し，子どもの学習や行動における個人差の要因についても考察してもらいたい。

第５章　言語能力の発達

本章では，まず，言語とは何か，どのような特徴を持つのかについて概観する。また，これまでの言語獲得にかんする主な理論を紹介する。後半では，誕生から児童期までの言語の発達を概観する。そこでは，誕生直後の言語のないコミュニケーションから始まり，言語を獲得し，やがて流暢な使い手となっていく過程をみることができる。

キーワード
表象システム　喃語　共同注意　一語文　書きことば

第１節　言語発達の理論

（1）言語とは何か

私たち人間にとって，もっとも便利で主要なコミュニケーションの方法は，言語である。子どもは１歳の後半になると，あるものを別のあるもので表す象徴機能を獲得する（第６章参照）。それによって目の前にあるもの（りんご）と，特定の音（「りんご」という音声）を結びつけることが可能になる。これが言語のはじまりである。その後，子どもは「りんご」という音声を聞いただけで，そのものがなくても，頭のなかにりんごの形や色，香りや味を自動的に思い浮かべることができるようになる。言語とは，この例のように，特定の音声によって目の前に存在しないものを表すことのできる表象システムのことを指す。言語は社会的慣習を基盤としており，国や民族など様々な集団によって，異なる語彙・文法システムが用いられる。その数は，実に

6,000種類を超えるといわれている。

言語の特徴

ここでは，言語の特徴をまとめてみよう。主な言語学者が挙げている言語の特徴のなかから（Gregg, 2013），主要なものを紹介すると，①表現の無限性：いかなる考えや概念でも表現できる，②離散的組み合わせシステム：意味を持つ有限の単語を組み合わせ，意味を持つ無限の組み合わせを作り出す文法システムを持つ，③空間的置換と心的時間旅行：実際に見ることのできない事象や，未来や過去の事象についての情報を伝えることができる，④恣意性：言語で使用されるシンボルは，それが表す対象と類似性を持っていない（例：「りんご」という語は実物のリンゴとは似ても似つかず，社会的に規定されているにすぎない），⑤社会的認知能力の利用：相手が何を知っていて何を知らないのかに応じて情報を伝えることができる（これはある程度，心を読む能力すなわち「心の理論」を必要とする），である。これらすべての要素を含んだ言語を持つ動物は，今のところ，人間以外には存在していないと考えられている。

他にも，コミュニケーションの目的に焦点を当てると，人間が，態度や信念，願望，知識，感情，記憶，期待などを他者と分かち合い，個人的な世界である自分の心と他者の心を結びつけることを目的に言語を使用することも，人間の言語の際立った特徴といえる（Suddendorf, 2013: 寺町訳，2015）。

コラム　どのように言語は獲得されるのか？

スキナー（Skinner, 1957）は，学習理論の立場から人や動物が新しい行動を獲得するのは，環境にある刺激と刺激の連合を強化したり，刺激に対する反応を強化したりする条件づけ学習の結果であると考えた。言語の発達もこうした学習によって獲得されると考え，周りの大人たちの励ましや罰（強化）などの環境的な要因を重視していた。たとえば，犬を見たときに，大人が繰り返し「ワンワン」と言うことで，犬と「ワンワン」とが刺激連合として結びついたり，また，子どもが大人の模倣をしてある単語に似た音を発したときに，大人がほめたり，励ましたりして，子どもの行動を強化したりすることで，言語を学習するとした。

チョムスキー（Chomsky, 1968）は，子どもが曖昧で不十分なことばにさらされているにもかかわらず，正しい文法規則を獲得していくことに注目し，すべての言語に通底する文法（「普遍文法」）を中心に据えた「言語獲得装置（LAF）」が，人間の脳に生得的に備わっていると考えた。そして，母語などの言語情報が言語獲得装置に入力されると，「普遍文法」によってその母語の文の法則性や構造をすばやく抽出することができるので，それに単語を当てはめるだけで，文法的に正しい文を無限に作り出すことができるとした。

一方，トマセロ（Tomasello, 2003：辻他訳，2008）は，文法は生得的に備わっているのではなく，文化的に構築され，それぞれの言語共同体によって次の世代に受け継がれるとする「用法基盤モデル」を提唱した。このモデルによると，子どもは，大人とのやりとりのなかで，日常的に使用頻度が高い比較的単純な文からその構造を抽出し，自らも使用することで一般的な文法の規則を身につけていく。たとえば，犬が子どものそばに来たとき，「わんちゃん来たね」と大人が言うとしよう。すると子どもは大人が注目しているもの，すなわち犬の様子に注目し，その文を理解するようになる。そして，今度は「ねこちゃん来たね」を聞いたときに，前者の文から類推して，この文の意味を理解できるようになる。そうして「～来たね」の文を一般化して，別の単語を当てはめて，子ども自身も使うようになる。

（2）言語獲得の主な理論

人間はどのように言語を獲得するのだろうか。

初期の言語獲得にかんする研究では，行動主義で有名なスキナー（Skinner, 1957）が，学習理論によって子どもの言語獲得を説明しようとした。確かに，学習理論における刺激と反応の連合や模倣，それに対する大人からの強化は，子どもの言語獲得を推進することが考えられる。しかし，この主張に対して，言語の創造的な特性や，幼児期の語彙の急激な増加を説明することは困難であるとする批判の声が上がった。また，子どもが聞く発話には，誤りや不完全な文章も多い上，文法的に正しくない発話を子どもがしても，大人は罰したり訂正したりすることも少ないことから，学習理論や模倣だけでは，言語の獲得を説明するには不十分であると考えられている。

その後，全く新しい，そしてもっとも影響力を持つことになった言語獲得の理論を唱えたのがチョムスキー（Chomsky, 1968）である。彼は，人間の脳には生まれながらにして言語を司る中枢があり，あらゆる言語に共通する文法（「普遍文法」）がそこに備わっていると主張した。それによって，特別な学習をしなくても，子どもは非常に容易に言語を獲得できると考えた。実際，脳には生得的な言語基盤が存在することは，脳科学の分野においても明らかにされているが，「普遍文法」については異議を唱える研究者も多い。たとえば，コンピューターモデルを適用した研究で，数百種類の言語の語順を比較したところ，現存している言語規則は非常に多様で，「普遍文法」というより文化によって形成されていることが示唆された（Dunn, et al., 2011）。

チョムスキーの「普遍文法」に対立する理論として，トマセロ（Tomasello, 2003：辻他訳，2008）の「用法基盤モデル」がある。この理論とチョムスキーの理論との大きな違いは，チョムスキーが，子どもは持って生まれた言語に特化した機能（普遍文法）によって，言語を獲得するとしたのに対し，トマセロは，一般的な認知能力（記憶力や推測力など）や他者の意図を理解する能力を用いて，子どもが言語を習得していると主張している点である。これらの能力は，人間が共同生活を送るための協力的なコミュニケーションを実現するために進化したとしている。トマセロは，チョムスキーがあまり重視しなかった，言語使用の目的であるコミュニケーションの側面を重要視し，人が言語を進化させた道程についても説得力のある主張を展開している。

第２節　新生児期から幼児期までのことばの発達

人がことばを話すようになるのは，だいたい１歳ごろからである。しかし，ことばを話すずっと前から，ことばの学習は始まっている。ここでは，どのような準備期間を経て子どもがことばを話すようになるのか，また，片言の会話から，どのように流暢な会話へと発達していくのかを概観する。

（1）新生児期

人がことばに出会い，学習するようになるのはいつからだろうか。実は，誕生以前の胎児のころから，すでに母語の学習は始まっている。たとえば新生児は，母親が妊娠最後の数週間に毎日声を出して読んだ物語と，読んだことのない物語を区別できることがわかっている（DeCasper & Spence, 1986）。また，別の研究からは，新生児が，外国語と母語を区別して母語の方をより聞きたがることが示されている（Moon, et al., 1993）。つまり母親のお腹のなかで胎児はことばを聞き，それを記憶に留めているのである。もちろん，話の内容を理解できるわけではなく，母語のリズムやイントネーションの特徴によって区別していると考えられている。

（2）乳児期

コミュニケーションの原点

乳児の最初の発声は，誕生のときの産声である。その後，乳児は空腹や排泄などの不快なときに，泣き（叫喚音《きょうかんおん》）で表出する。このころはまだ，咽頭などの発声器官が大人と異なるため，言語的音声を自発的にうまく出すこと

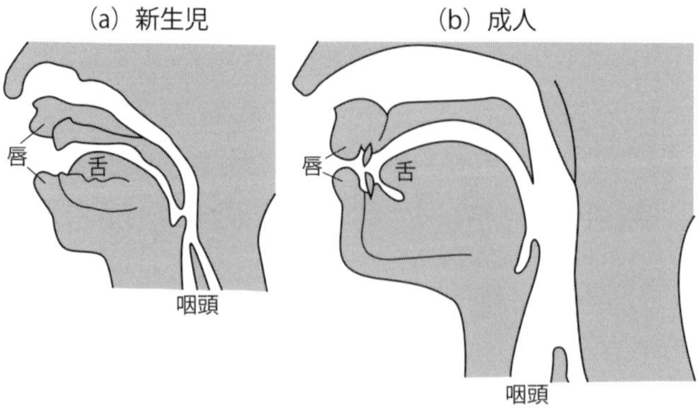

図5-1　新生児（a）と成人（b）の発声器官の構造

（針生，2019，p.87）

ができない（**図5-1**）。したがって，乳児の泣きは，身体内部の不快感が反射的に表出されているにすぎず，これによって養育者に向けて不快を訴えているわけではない。しかし養育者は，それを自分に対する要求と受け止め，「おなかへったね」などと応答的に応じようとする。そこには要求→応答というコミュニケーションの萌芽をみることができる。

生後2ヶ月ころには，機嫌の良いときに「あー」や「あう」と聞こえる声を発し始める。このような発声をクーイングと呼ぶ。乳児からクーイングが発せられると，養育者はそれに応えるように目を合わせてさかんに話しかけるようになり，乳児もまたそれに応えるようにさらに発声する，というように，まるで会話のような「やりとり」が成立する。

生後3ヶ月ころには，咽頭の構造が徐々に成人のそれに近づき，乳児は「あー」などの母音的音声に加えて，/k/ や /g/ などの子音的音声も発声し始める。また，養育者としっかり目を合わせて，満面の笑みを浮かべ，笑っているような声を発するようになる。こうなると，養育者は乳児の笑顔に笑顔で応え，また乳児もその養育者の笑顔にまた笑顔で応えるという相互作用が起き，両者の間には，情動の共有というコミュニケーションの土台が築き上げられる。

声を操る

生後4～6ヶ月になると，発声可能な音声のレパートリーが増加してくる。乳児は1人のときも，異なる音を結びつけたり，音の強さや高さを変化させたりするなど，多様な音声を自発的に発するようになる。いわゆる，音遊びの段階である。

生後6ヶ月を過ぎると，/bababa/ や /dadada/ のように「子音＋母音」の構造を持つ複数の音節が繰り返される規準喃語《なんご》が現れる（Oller, 2000）。この喃語はまだ意味とは結びついておらず，他者からの返答を期待して発せられている証拠も少ないことから，コミュニケーションのための発話行動とは考えられていない。その後，/bada/ や /babu/ のように，複数の音節のなかで子音と母音が変化する非重複性の喃語（非重複喃語）が出現する。この時期に入ると，周囲の大人の口調によっては，何となく意味を理解するようになってくる。たとえば，大人が「ダメ！」と言えば，その雰囲気から禁止の意味を読み取ることができる。

生後10ヶ月前後からは，抑揚や強弱の加わった，あたかもことばを話しているかのような長い喃語が聞かれるようになる。これをジャーゴンまたは会話様喃語と呼ぶ。まだ喃語自体には意味はないが，要求や抵抗など，自分の意思を表出する際には，それぞれに特定の音声の抑揚パターンが表れるようになる（正高，1993）。また，乳児の非言語的な伝達行動（要求，応答，呼びかけ，報告など）と音声の抑揚パターンの関連も明確になってくる。そのため，養育者には，乳児が音声をコミュニケーションの手段として使っているように感じられる。

前言語的コミュニケーション

言語的コミュニケーションが生まれる前に，誕生直後からコミュニケーションの萌芽がみられることはすでに述べた。それは養育者と乳児の，すなわち「私とあなた」の二項間で交わされる情動的なやりとりであった。その後，生後5ヶ月ころになると，乳児はものに対して関心を強めていく。「私ともの」の二項関係の始まりである。乳児はものを渡されるとそれを眺め，口に入れてはまた眺める，という行動を繰り返しおこなうようになる。

生後9ヶ月ごろになると，ものへのかかわり方も洗練され，身の回りにある様々なものに手を伸ばし，それを別のものにぶつけたり，高いところから落としたりするなど，繰り返し探索行動をおこなうようになる。そのころから徐々に，乳児はものとかかわり合いながら，同時に他者の行動や視線にも注意を向け始める。たとえば，乳児はものを他者に見せたり，渡したりしながら，他者もそれを見ているか確かめる行動がみられる。また，ものに対する大人のかかわり方を，注意深く観察したり，同じような働きかけをして，大人の称賛を期待したりするようになる。これらの行動は，これまで別々に成立していた「私とあなた」「私ともの」の関係が融合して，「私―もの（媒介物）―あなた」の三項関係が成立したことを意味している。ここでは，単に乳児と他者が同じものを見るばかりでなく，情動的な交流が伴っていることが重要である。このような社会的なスキルや社会的相互作用を伴う注意の共有は，「共同注意」と呼ばれている。

同じころ，言語的コミュニケーションの前提条件ともなる指さしも現れる。指さしには，他者に何かを要求するための命令的な指さしと，他者と経験や感情を共有するための陳述的な指さしがあり，特に陳述的指さしは上記の三項関係の成立を前提としている。

「今，ここ」を超える世界の共有

私たちは，他者に特定のもののことを伝えたいとき，直接的にそのものを手に取って見せるという方法がある。しかし，この場合，「今，ここ」にあり，手で扱える大きさでなければならない。では，それ以上の大きさの，あるいは手の届かないところにあるものに，どうすれば相手の注意を向けることができるだろうか。そのようなとき，私たちは指さすことで，相手に注意を向けさせることができる。そして，それについて情報交換したり，共感したりすることができる。指さしは，離れた距離にある対象についても，他者と共有することのできる便利な道具といえよう。さらに，ことばを使えば，「今，ここ」にないもの，たとえば，遠い外国にあるものや，昔あったものについても語り合い，共有することができる。距離も時間も超えて，互いの世界を共有し合うためのもっとも強力な道具を，私たちは1歳くらいから徐々に身につけていく。

（3）幼児期

言語的コミュニケーションの幕開け

1歳ころになると，子どもは最初のことばを発する。その最初のことばを初語という。初語の出現の調査から，初語の開始時期については，個人差が大きいこともわかっている。石川・小林（2017）の0～1歳児に実施した調査では，生後10ヶ月で20％，11ヶ月で51％，12ヶ月で60％の子どもに初語が出現しており，90％を超えるのは生後16ヶ月以降である。

初期に出現する語で多いのは，マンマ，ワンワン，（イナイイナイ）バー，バイバイ，ブーブー，ハイ，ネンネ，ニャンニャンなどである。初期に出現した語を意味分野ごとに分類すると，幼児語（クック，ブップー，など）や社会語（どうぞ，バイバイなど）が多く，その後，徐々に事物の名前である普通名詞が増加してくる（小椋他，2016）。

初語が出現して以降の1歳前半のことばの獲得は，非常にゆっくりと進む。日本語を母語とする子どもを対象にした縦断研究によると，1ヶ月に平均5～6語程度しか新しいことばが獲得されない（小林他，2013）。この時期の特徴としては，子どもは1つの単語のみで伝えたいことを伝えようとするので，一語文と呼ばれる。たとえば，「りんご」と子どもが言えば，「りんごが欲しい」や「そこにりんごがある」など，語の意味以上のことが込められている。

自発的に発する語が50語を超えたころから，子どもは急速に新しい語を習得し始める。このような急激な言語発達を，語彙爆発（ボキャブラリースパート）と呼んでいる（Nelson, 1973）。小林他（2013）の調査では，平均で生後20.2ヶ月（累計語彙数が平均40.5語）のときに言語爆発が始まり，それ以降には1日に平均0.83語のペースで新しい語が出現すると推定している。

幼児期の構文の発達

構文とは，文の構成や組み立てを指すことばである。幼児期に入ると，子どもは文を組み立て始める。まず，語彙爆発と同時期から，「マンマ　タベル」「ワンワン　キタ」のように語と語を結合させて二語文を発する子どもが現れ始める。2歳を超えるころには80%の子どもが二語文を発するようになる。綿巻（2001）は二語文で表現されるよく使われる統語—意味関係を挙げている（**表5-1**）。統語とは単語と単語をつなぐ規則のことである。語彙爆発による語の増加と，語の結合によって，子どもは伝えたいことを明確に表現できるようになる。また，助詞，助動詞の使用が始まり，過去のこと，自分の意思，否定，願望などを表現できるようになっていく（大久保，1984）。

大久保（1984）によると，2歳半前後になると，より複雑な文章を組み立てて，多語文や従属文，また接続助詞を使った従属文（例：「パパト　アラッタカラ　ダイジョウブ」）も発するようになる。

3歳前後になると，接続詞の「それで」「だから」「そしたら」「そして」を使用できるようになり，理由や原因，結果を含む文を時系列で並べるなど

表5-1　二語発話の主要な統語＝意味関係

統語＝意味関係	例　文	年　齢					計	占有率（%）
		1：8	1：9	1：10	1：11	2：0		
これ＋物の名称	これ　ウサギ	1	8	23	81	10	123	14
行為者—行為	フミちゃん　帰った	4	17	20	29	33	103	12
存在物—存在・発見	写真が　あった		3	25	23	14	65	8
対象—行為	さかな　食べた	6	9	6	29	13	63	7
非有生主体—動き	ニュース　終ったね	1	8	8	15	15	47	5
要求対象—要求	リンゴ　要る	6	9	7	16	9	47	5
所有者—所有物	お父さんの　おズボン	4	3	9	5	7	28	3
交換対象—交換	お薬　もらった		5	7	6	9	27	3
行先—移動	公園　行こう	1	1	6	2	7	17	2
場所的対象—行為	ブブ　乗ると	1	1	2	9	3	16	2
計（異なり発話数）		24	64	113	215	120	536	61
当月の二話発話数（異なり発話の数）		29	89	194	345	208	865	

※占有率は各統語＝意味関係の発話数を「当月の二語発話数」で割った値。

（綿巻，2001, p.92）

して，長い文章を構成できるようになる。大久保（1967）は，この時期を文章構成期と呼んでいる。この時期には，子どもは日常場面において，不自由なく自分の気持ちを述べ，要求し，質問することができるようになる。

幼児期後半のことばの発達

大久保（1967）は４歳代をおしゃべりの時期，５～６歳代を「大人ことば」模倣期と呼び，以下のように特徴づけている。

おしゃべりの時期は，２つの特徴を持つ。まず前半は，あたかもことばを自由に駆使できることが嬉しいかのように，多弁になり，特に，誇張した内容の発話が増える。幼稚園や保育園での生活の様子なども，さかんに養育者に話したりするようになる。後半になると，「なに」の質問でことばの意味を尋ねたり，「どうして」の質問で，他と異なっている原因や理由を確かめたりするなど，知識欲が旺盛になってくる。

「大人ことば」模倣期では，大人のことばをまねた発話が増加する。この時期の模倣には，大人のことばをまねることによって大人に近づきたいという思いや，自分の知識をさらに豊富にしたいという欲求が根底にある。したがって，ごっこ遊びにおいても，子どもが日頃よく観察している大人の様々な仕草を再現しようとする。子どもは，新しい経験を，ごっこ遊びのなかで反復することによって，自分のものとしていく。

第３節　児童期以降のことばの発達

子どものことばは幼児期に急速に発達し，それ以降はさらに洗練されたことばの使い手になるべく，子どもは修練を重ねる。児童期の子どもは，複雑な文脈のなかでのコミュニケーションが可能になり，また書きことばの世界に参入していく。

（1）児童期の語彙の発達

児童期の語彙の特徴

幼児期には，語彙が飛躍的に増えるが，児童期に入っても語彙は増大し続ける。アングリン（Anglin, 1993）は，小学校 1 年生では約 1 万語，5 年生では 4 万語の語彙を獲得していると推定している。平均すると，4 年の間に 1 日あたり20語程度，新たにことばを覚えていることになる（高橋，2017）。

では，児童期の子どもの語彙理解と幼児期のそれとでは，どのように異なるのだろうか。高橋（2017）は，児童期の子どもの語彙理解の特徴として，似たような語でも，意味の違いを正確に理解し，区別できる点にあるとして，次のような例を挙げている。小学校 1 年生から 3 年生の児童に，「よごす」という語の意味について，「①水にぬれる，②どろで遊ぶ，③ゆかをふく，④きたなくする，⑤水をかける」の選択肢から選ばせた。すると，「どろで遊ぶ」を選ぶ子どもは学年とともに減少し，「きたなくする」が増加した。高橋は，この結果について，児童期の子どもたちの語彙獲得が，曖昧な理解から精緻な理解へという道筋を辿っていることを示唆するものとしている。

児童期の語彙獲得

幼児期のことばの発達では，主に身近な大人とのやりとりのなかで，子どもがことばを学んでいく過程をみてきた。では児童期はどのようにして新規の語彙を学習するのだろうか。その鍵となるのが，文字の読み書き能力の獲得である。それによって，子どもは書きことばの世界に参入することになる。家庭や学校の会話で使用される話しことばだけでは，ことばの世界は大きく広がらない。なぜなら，話しことばで用いられる単語は，書きことばで用いられる単語よりも，その種類が格段に少ないからである。特に，児童期後期から必要になる，形式的かつ抽象的な言語を使いこなす能力は，主に文字を介して，すなわち読書を通して徐々に身についていくと考えられる。その過程の一例をあげると，たとえば，私たちが読書中に知らない語に出会うとき，前後の文脈からその語の正しい意味を推測することができる。子どもも同様に，本のなかに未知の語を発見したとき，その意味を文脈からある程度正しく推測することができる。そのようにして，出会った語の一部を自分の語彙として身につけていく（Swanborn & de Glopper, 1999）。毎日の読書時間は少なくても，年間を通じてみれば，子どもは多量のテキストを読んでおり，これが児童期の語彙獲得の重要な経路になっていると考えられる（高橋，2017）。

（2）社会的文脈におけることばの発達

子どもの語彙は幼児期，児童期を通して飛躍的に増え，正しい文法で会話できるようになるが，それでコミュニケーションとしてのことばの発達は完成ではない。どのようなことばを，どのように使うかは，そのときの状況や相手の状態によって変わることもあるからだ。そのため，ことばを効果的に使用するためには，ことばの持つ機能だけでなく，そのことばが発せられる文脈についての知識を身につけ，発話者の意図にも注意を向けなければならない。

語用論的能力

私たちの日常的な会話では，発話に現れた意味（表面的な意味）と発話から解釈される意味（意図された意味）が，一致していない場合がしばしばある。皮肉がその良い例であるが，皮肉を理解するには，言語の表面的な意味だけでなく，その裏に隠れた発話者の本当の意図を推測できなければならない。このような能力を，語用論的能力という。たとえば，母親が子どもの散らかった部屋を見て，「あら，きれいな部屋ね」と言った場合を例にとろう。これを聞いた子どもが，もし，「お母さんに褒められた」と思ったら，母親の発話意図は理解されていない。この場合，母親の発話意図は，「部屋がきたないから，きれいにしてね」という意味が込められているからである。語用論的能力は，人間のコミュニケーションの本質的な部分を可能にする能力といえる。では，語用論的能力はいつごろから発達するのだろうか。

フィリポヴァとアスティントン（Filippova & Astington, 2010）は５歳，７歳，９歳の子どもを対象に，皮肉の理解の発達を調べた。その結果，５歳児は全体的に理解が困難であり，７歳児と９歳児でも，なぜ皮肉を言ったのかという意図や動機については理解が難しい傾向があった。このことから，発話の裏に隠れている発話者の意図や発話の動機を理解するのは，児童期に入ってから徐々に進むことがわかる。特に意図の理解は，入れ子構造的な他者の心の理解を必要とするため，本を読んで登場人物の心の動きに注目したり，学校のグループ活動において複数の他者と相互交渉したりすることによって促進されることが考えられる。

ここまで，誕生から児童期までの言語の発達をみてきたが，児童期以降はさらに複雑で抽象的な文章を読んだり，状況を考慮に入れた高度なコミュニケーションを必要とする場面に出会ったりすることが増えてくる。そして，成人してもなお，様々な場面で，より洗練された言語の使い手になることを求められる。言語の発達にこれで終わりということはなく，実際，高齢者になっても発達する傾向が見出されている（Salthouse, 2004）。

■引用文献

Anglin, J.M., Vocabulary development: A morphological analysis, *Monographs of the Society for Research in Child Development*, 58（10），1993

Chomsky, N., *Language and Mind*, Harper and Row, 1968

DeCasper, A.J. & Spence, M.J., Prenatal maternal speech influences newborns' perception of speech sounds, *Infant Behavior & Development*, 9（2），133–150, 1986

Dunn, M., Greenhill, S.J., Levinson, S.C., & Gray,R.D., Evolved structure of language shows lineage-specific trends in word-order universals, *Nature*, 473（7345），79-82, 2011

Filippova, E. & Astington, J., Children's Understanding of Social-Cognitive and Social-Communicative Aspects of Discourse Irony, *Child Development*, 81（3），913-928, 2010

Gregg, L. W., *Knowledge and cognition*, Psychology Press, 2013

針生悦子『赤ちゃんはことばをどう学ぶのか』中央公論新社，2019年

石川知夏・小林哲生「定型発達児における初語開始時期」日本心理学会／幼児言語発達研究会第5回セミナー，2017年

小林哲生・南泰浩・杉山弘晃「語彙爆発の新しい視点――日本語学習児の初期語彙発達に関する縦断データ解析」ベビーサイエンス，12，40-64，2013年

正高信男『0歳児がことばを獲得するとき――行動学からのアプローチ』中央公論新社，1993年

Moon, C., Cooper, R. P. & Fifer, W. P., Two-day-olds prefer their native language, *Infant Behavior & Development*, 16（4），495-500, 1993

Nelson, K., Structure and strategy in learning to talk, *Monographs of the Society for Research in Child Development*, 38（1-2），1973

小椋たみ子・綿巻徹・稲葉太一『日本語マッカーサー乳幼児言語発達質問紙の開発と研究』ナカニシヤ出版，2016年

Oller, D. K., *The emergence of the speech capacity,* Lawrence Erlbaum Associates Publishers, 2000

大久保愛『幼児言語の発達』東京堂出版，1967年

大久保愛『幼児言語の研究――構文と語彙』あゆみ出版 , 1984年

Salthouse, T.A., What and when of cognitive aging, *Current Directions in Psychological Science*, 13（4），140-144, 2004

Skinner, B. F., *Verbal behavior*, Appleton-Century-Crofts, 1957.

Suddendorf, T., The Gap: *The science of what separates us from other animals*, Basic books, 2013（ズデンドルフ，T.『現実を生きるサル空想を語るヒト――人間と動物をへだてる，たった2つの違い』寺町朋子訳，白揚社，2015年）

Swanborn, M. S. L. & de Glopper, K., Incidental Word Learning While Reading: A Meta-Analysis, *Review of Educational Research*, 69（3），261-285, 1999

高橋登「読み書きの発達」秦野悦子・高橋登編著『言語発達とその支援』ミネルヴァ書房，147-166, 2017年

Tomasello, M., *Constructing a Language: A usage-based Theory of language Acquisition*, Harvard University Press, 2003（トマセロ，M.『ことばをつくる――言語習得の認知言語学的アプローチ』辻幸夫・野村益寛・出原健一・菅井三実・鍋島弘治朗・森吉直子訳，慶應義塾大学出版会，2008年）

綿巻徹「発話構造の発達」秦野悦子編『ことばの発達入門』大修館書店，82-113，2001年

■課題

1. 動物の言語について調べてみよう。どのような動物がどのような言語を使っているだろうか。
2. ことばの発達にとって，なぜ共同注意が重要なのか，考えてみよう。
3. 書きことばと話しことばの違いについて，できるだけ多くあげてみよう。

■参考図書

針生悦子『赤ちゃんはことばをどう学ぶのか』中央公論新社，2019年

広瀬友紀『ちいさい言語学者の冒険――子どもに学ぶことばの秘密』岩波書店，2017年

トマセロ，M.『コミュニケーションの起源を探る』松井智子・岩田彩志訳，勁草書房，2013年

第６章　論理的認知能力の発達

「認知能力」の定義には，広義と狭義の定義が考えられることを第１章で述べた。本章における「認知能力」とは，狭義の意味での「認知能力」である。したがって学力の基盤となるような認知能力についてピアジェの理論を中心に，その理論背景や認知発達の捉え方から紹介する。また，論理的思考能力の発達とともに，近年，特に認知科学の分野で推進されている推論・意思決定などの発達過程について紹介し，様々な知能の考え方や学力との関係について考える。

キーワード
認知発達段階　同化と調節　シェマ　知能理論　推論と意思決定

第１節　認知発達の考え方

ピアジェの認知発達理論では，外界の事象と子どもの内的な知識構造との相互作用として知的発達を捉える。このように相互作用過程を経て知的構造が構築される考え方を構成主義（constructivism）といい，現在の認知科学や心理学研究の重要な基盤となっている。ロシアの教育心理学者ヴィゴッツキーもまた，子どもの知的構造が構築される過程を研究していたが，子どもを取り巻く社会環境の影響をより重要視し，「最近接発達の領域（発達の最近接領域）」（Zone of proximal development）理論を提唱している（コラム参照）。この理論は，周りの大人や，より進んでいる子どもとの社会的相互作用により，知的構築が促進される側面を強調しているため，社会構成主義（social constructivism）と呼ばれる（中村，2004）。しかし，ピアジェの理論では、自己・モノ・他者を含む関係性（社会的相互作用）から発達を考えることが前提となっており，他者と一緒に考えたり意見を出し合うことを通して整理された操作体系が可能になるため，知的操作は社会的相互作用の産物であると解釈されている（中垣，2007）。したがって，ピアジェの理論もまた，本質的には社会構成主義であると考えられる。

ピアジェの理論は，ヴィゴッツキーをはじめ多くの研究者からの批判も多いが，知的構築と発達段階という彼の基本的な考え方は，子どもの認知発達を学ぶ上で非常に重要な理論である。

コラム　ヴィゴッツキーの最近接発達の領域

最近接発達の領域（イメージ）

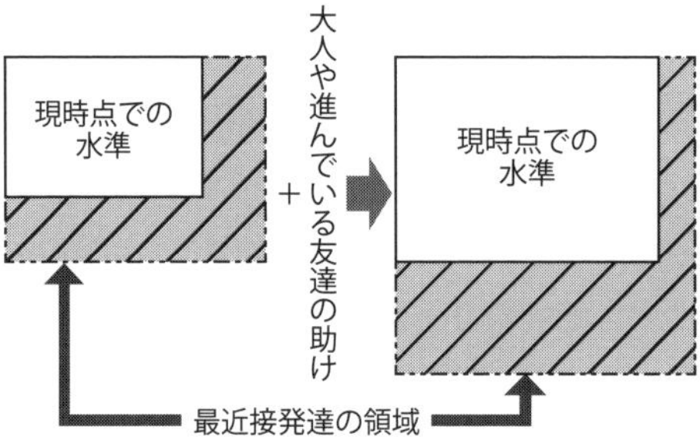

現時点での水準とは，子どもが自分一人で解決できる課題の知的レベルを指し，その周りの領域（斜線）は，友達の助けや教師の支援などによって解決可能な課題の知的レベルを示しており，これが最近接発達の領域である。

（1）ピアジェの理論の背景

ピアジェは，10歳で白子の雀の観察記録が地元の博物誌に掲載されるほど知的に早熟であったことはよく知られている。ヴァレ地方の軟体動物の分布に関する研究で22歳にして理学博士を取得している。こうした軟体動物の観察から生物は受動的に環境からの影響を受け取るだけでなく，積極的（能動的）に環境に対して働きかける存在であると捉える見方を身につけ，これがその後の子どもの観察においても生かされた。23歳からパリのビネー研究所で知能テストの研究に携わった。このとき子どもの年齢によって間違いのパターンも異なることを発見したことで，子どもの知能発達に興味を持ち後々の発達段階説のきっかけとなった。1921年からスイスのルソー研究所で，知能の構造を明らかにすることをテーマに心理学研究，科学的認識論の構築を目指した（大浜，1997）。

（2）ピアジェ理論の基本的考え方

認知発達に影響すること

ピアジェは生物学的な知的背景から，子どもの認知発達に影響する４要因「成熟」「活動・行動」「社会とのかかわり」「均衡化」を挙げている。成熟は，個々の人間に遺伝的にプログラムされているもので，個人にとっての生物学的な変化の基盤となっている。成熟は，子どもの認知発達にとって生物学的枠組みのような役割として影響するといえる。一方，子どもの活動や行動は，子どもが何を見聞きし経験するかにかかわるという意味で，その子どもの認知発達に大きく影響する。また，子どもは家庭や学校の友達など子どもを取り巻くまわりの人間とのかかわりのなかで学ぶため，社会とのかかわりは認知発達に大きく影響する。最後に，均衡化は思考過程のある状態を表している。認知発達や思考における変化に影響するように相互作用するのが非均衡化であり，均衡化でもある。

思考の基本的傾向

ピアジェは，生物学的な学問背景から，生物が持つ２つの普遍的傾向を示している。１つめは入ってきた情報（知識）を整理統合しようとする「組織化（organization）」である。人は，うまれながらに思考過程を心理的構造に組織化しようとする傾向があると述べている（中島編，2001）。もう１つが「適応（adaptation）」で，これはダーウィンの進化論の適応概念の影響を受けたといわれている。入ってきた情報を心理的に適応しようとする傾向があるとしている。その適応のプロセスを次に述べる。

知識獲得のプロセス

ピアジェは，知識構造・概念構造あるいは知識や概念そのものを「シェマ

(Schema)」またはスキーマと呼び「同化(Assimilation)」と「調節(Accommodation)」を通して「均衡化(Equilibration)」に至る過程を，知識獲得のプロセスと考えた。同化とは，外界の事象をそのまま内的な既存の知識構造（シェマ）に当てはめる働きで，調節とは外界の事象に合わせて自分の既存シェマを修正し，合わせる働きである。適切にシェマの調節が行われて外界の事象が同化可能となったとき，つまり同化と調節のバランスがとれたとき，均衡化の状態に到達する。

たとえば，初めてイルカを見たときの幼児の反応を想像してみよう。金魚・鮭・サメや犬・猫・トラなどは見たことがあり，これらの動物の特徴や違いについても水のなかに住んでいるかいないかなどある程度の既存シェマを持っているとする。初めてイルカを見た子どもは，最初は鮭やサメのような魚の仲間に違いないと考える（同化)。しかし，イルカは水面に出て呼吸するなどの観察や親から教えられるなど周りの人々の影響で既存のシェマ「水のなかに住んでいる生き物は魚の仲間」は「水のなかに住んでいても魚ではないものもいる」に修正され（調節)，その時点での均衡化が得られる。年齢が上がるとより詳細な特徴（母乳で育てるか否かなど）による修正により，より正確なシェマの獲得が可能になる。

このように，日常の生活のなかで子どもは，新しい情報を積極的に取り入れ同化と調整を繰り返しながら，シェマの構築（概念形成）をおこなっている。学校教育においては，このような子どもの心の働きの特徴を生かし，子どもは既存シェマに同化しきれずに認知システムに一時的不均衡をもたらす。本人の努力や周りの支援によってシェマを適切に調節し，同化可能となる課題を提供するような取り組みが必要かもしれない。

第２節　乳幼児期から青年期までのピアジェの認知発達理論

ピアジェは，子どもの遊び場面や問題解決場面における行動や発話を観察し，感覚運動期，前操作期，具体的操作期，形式的操作期の４つの時期からなる認知発達の段階論を提唱した。段階論とは，発達を質的に異なる段階を経て進行していくものとして捉える見方である。それぞれの段階は，表象を操作する能力の質的な違いによって区別される。表象とは，頭のなかに思い浮かべるイメージのようなもので，私たちはこれを変化させたり動かしたり，操作することができる。たとえば「りんご」という音声を聞けば，頭のなかにりんごのイメージが浮かぶ。そして，頭のなかでそのりんごの皮をむいたり，半分に切ったりすることもできる。すなわちりんごの表象を操作することができるのである。

(1) 感覚運動期（誕生～2歳ころ）

ピアジェは，誕生から2歳くらいまでを感覚運動期とした。生まれたばかりの乳児は，身体に触れた刺激に対する原始反射から始まって，徐々に知覚と運動行為との関係を認識し，今度は自分から積極的に世界に働きかけていくようになる。たとえば，手のひらに触れたものを最初は反射によってつかむ（手掌把握反射）のだが，成長とともに腕の動きを制御できるようになると，自分から目の前のものをつかむようになる。ピアジェは，このとき，乳児は「つかむ」という行為のシェマ（知識構造）を獲得したと考えた。その後，乳児は「つかむ」シェマだけでなく，つかんだものを口に持っていき（物を移動させるシェマ），それをしゃぶる（しゃぶるシェマ）といった，いくつかのシェマを組み合わせるようになっていく。ピアジェはこれを，シェマの協応と呼んだ。

ピアジェは，この感覚運動期を6つの段階に分けている（**表6-1**）。そこでは，刺激に対する反射的な運動から始まり，シェマの協応，そして目的を達成するために，表象的行為を使えるようになるまでを示している。

コラム　対象の永続性

ピアジェは，環境にあるモノを理解するためには，モノの特性を理解しなければならないと考えた。そのもっとも基本となるのが対象の永続性（モノの永続性）である。対象の永続性とは，モノはたとえ視界から消えてしまっても，その存在自体がなくなってしまったわけではない，という理解である。

生後4ヶ月以降になると，子どもは目の前にあるおもちゃをつかめるようになるが，そのおもちゃを取り上げて，子どもの前でハンカチなどでおおってしまうと，乳児はもうそのおもちゃを探さず，まるでおもちゃが存在しないかのような反応をみせる。まだ，モノが，子ども自身の行為とは別に存在していることを理解していないようである。

その後，生後 8， 9 ヶ月ごろになると，同じような場面で，覆いのハンカチを自分で取り除いて，おもちゃを見つけることができるようになるが，子どもの目の前で，別の場所に移動させても，子どもは最初におもちゃを見つけた場所を探す行動がみられる（A-not-B エラー）。これは，モノの存在が「探す」という行為に結び付けられており，最初に探し出すことに成功した場所でまた同じように行動すれば，おもちゃを見つけ出せると子どもは信じているためにおこる，とピアジェは考えた。つまり，子どもはまだ自分の行為とは独立して，モノが存在していると考えてはいないと結論づけたのである。

生後18ヶ月以降になるとようやく，見ていたのとは別の場所にモノが隠された場合でも，表象を操作することによって見えない移動も考慮し，モノを探し出すことができるようになる。ピアジェは，この時期を対象の永続性獲得の最終段階と考えた。

表6-1　ピアジェ理論における感覚運動期の下位段階

段階	月齢（ヶ月）	認知の特徴	行動の特徴
第一段階	0～1	反射行動によって環境に適応する	反射（泣く，吸うなど）
第二段階	1～4	行動に経験の影響が含まれ始める 同化と調節が行動レベルで機能し始める	第一次循環反応（練習としての反復運動，指しゃぶりなど）
第三段階	4～8	外界の自称と自己を区別し始める 行動に意図がかかわり始める	第一次循環反応（うまくいった行動をくり返す） 動いているモノを目で追い，手をのばす
第四段階	8～12	事物の予期をし始める 因果関係を意識し，目標に向かって行動する 対象の永続性理解がめばえる	隠されたモノを探す ただし，最初に隠された位置を探し続ける（A-not-B エラー）

第五段階	12〜18	認知レベルでの調節が機能し始める	第三次循環反応（目的に合わせて行動を修正しながら反復する） 最後に隠された位置を探す
第六段階	18〜24	行動の前に頭で考え始める（表象を操作し始める） 思考に言語がかかわり始める 前操作期への過渡期	隠し場所の候補が複数ある時に，どこにあるか考えて探す順番を変える

（旦，2018，p.150）

（2）前操作期（2歳〜6，7歳ころ）

第2の時期は前操作期である。ピアジェは，前操作期をさらに2つに分け，前半を「象徴的思考期」とした。この時期の子どもは，ここにないものや過去のことなどを表象できるようになる。この表象の機能によって，ふり遊び，積木を車に見立てるような見立て遊びなど，あるものを別のもので表す象徴機能が現れてくる。この象徴機能によって，言語も使えるようになる。たとえば，「りんご」という音は，りんごそのものではないが，実際のりんごを表していると，子どもは理解できるようになる。

前操作期の後半になると，言語の概念化が進み，物事を分類したり，関連づけたり，また，簡単なことなら論理的に考えることも可能になってくる。しかし，目に見える表面的な要因に惑わされやすく，直観的に物事を判断するので，この時期は「直観的思考期」と呼ばれている。その例として，保存の課題が困難なことが挙げられる（**図6-1**）。

自己中心性

乳児ははじめ，自分の行為とつなげて世界を理解していたが，感覚運動期の終わりには，現実世界は自己の行為とは独立に存在するものとして振る舞うことができるようになる。前操作期に入ると象徴機能のおかげで表象的世界が形成され始めるものの，初期にはその表象的世界が自己の視点に固有のものであることを知らず，それを客観的で絶対的なものとして捉えてしまう。ピアジェは，こうした幼児期の認知の特性を自己中心性と呼んだ。自己中心

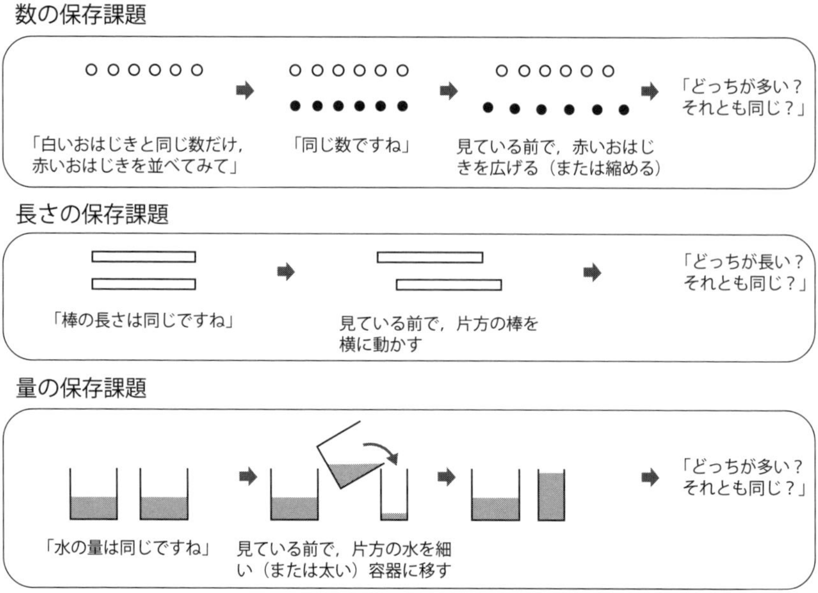

図6-1　ピアジェの保存の課題の例

（旦，2018，p.150）

性を示す例として，ピアジェが考案した三つ山課題がある（**図 6 - 2**）。子どもの前に形や大きさの異なる三つの山が配置され，子どもの見ている場所（例：A）とは異なる場所（例：B）に人形が置かれた。そして，人形が見ている眺めの絵を，候補となる10枚ほどの絵カードから選択することを求められた。すると前操作期の子どもは，自分の見えている眺めの絵を選んでしまう。この課題では，子どもは現在の見えが自己の視点に依存していることを知らないために他者の視点からの見えとして，自分の視点から見た光景をそのまま答えてしまう。

またピアジェは，幼児の自己中心性は，単に視覚的な問題だけでなく，幼児期の他の特徴にも現れていると考えた。それは，無生物にも生命や意識があると思う「アニミズム」，頭のなかに浮かんだことや夢で見たことが，現実であるかのように考える「実在論」，また，太陽や山などの自然物が，人間や神の手によって作られたと考える「人工論」である。これらも，自分の

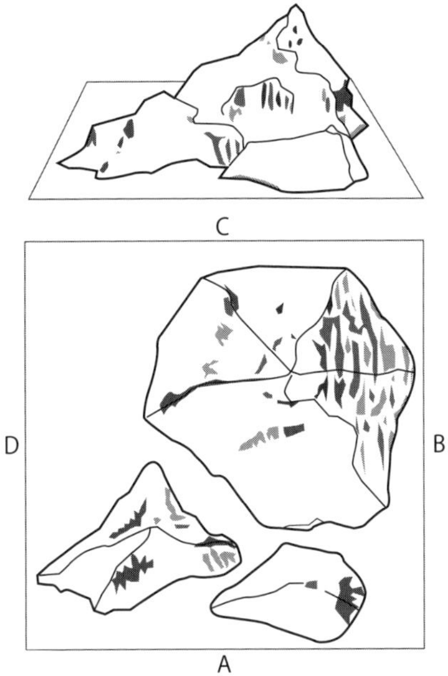

図6-2　三つ山課題

（Piaget & Inhelder, 1956）

心の世界が物理的な世界に投影されることからおきると考えられている。

（3）具体的操作期（6，7歳～11，12歳）

具体的操作期になると，子どもは見たり触ったりできる，具体的な内容については，論理的に考えることができるようになる。前操作期でも，簡単な事柄は論理的に考えることができたが，具体的操作期になると，自分のおこなった論理的操作を，頭のなかで逆戻りすることが可能になる。これを「可逆的思考」という。たとえば，前操作期ではできなかった液量の保存の課題では（**図 6 - 1**），幅の広い容器の水を幅の狭い容器に入れると水面が高くなったが，元の容器に戻せば水面も元に戻ることを予期できるため，正答することができる。この他，数や長さにかんする保存の概念についても，この時期に獲得される。

また，この時期になると自己中心性を脱し，見えが視点に依存することを知るとともにその見え方も想像することができるようになるので，三つ山課題にも正答する（**図6-2**）。ピアジェはこれを，「脱中心化」と呼んだ。

（4）形式的操作期（11，12歳ころ～）

具体的操作期では，論理的思考は具体物に支えられてはじめて可能であったが，この最後の時期である形式的操作期には，具体物を離れた言葉や記号の操作による抽象的な推理が可能になる。また，そのことによって，事実だけでなく，可能性の問題についても論理的に考えることができるようになる。

この段階に可能となる主な思考の特徴を挙げると，第1に，経験的な事実から仮説を立て，その仮説から実験可能な予測を導き出すことができる。そして，その予測を実験によって確かめることができる。たとえば，実験装置を使って，物理的な法則を見つける課題があるとき，具体的操作期の子どもは，すぐに装置に向かって試行錯誤しはじめるが，形式的操作期になると，装置の動きを少し確認すれば，その後は考えられる法則を仮説として列挙し，その仮説を系統的な実験によって確かめることができる。このような思考を，「仮説演繹的思考」と呼ぶ。

第2に，事象の可能な組み合わせを系統的に列挙することができ，いくつかの変数の値を統制して，ある変数の効果を調べることができる。たとえば，ビーカーに入った4種類の液体を混ぜて，その混合物のあるものが黄色に変わる原因を推測するという課題を与えると，形式的操作期の子どもは，4種類の液体の可能な組み合わせをすべて考え，系統的に計画を立てて実験することができる。これを「組合せ法的思考」と呼ぶ。

第3に，事実に反する仮定的な命題であっても，その仮定から論理的に推論して，結論を導き出すことができる。命題とは，真偽の判定ができる言明や式のことである。たとえば，「ネズミはネコより大きい。ネコはクマより大きい。では1番大きい動物は何か」と問われたとき，2つの命題の関係性を考慮に入れて，「ネズミが1番大きい」と答えられる。この場合，思考の内容から形式を取り出し，記号に置き換えて，「ネズミ＝A」，「ネコ＝B」，「クマ＝C」とし，「A＞B」かつ「B＞C」ならば「A＞C」のように，形式にしたがって論理的に考えることもできる。これを「命題的思考」と呼ぶ。

第3節　青年期以降，高齢期までの認知能力の発達的変化

（1）青年期以降の認知の特徴

ピアジェの発達段階論では，形式的操作期は認知発達の最終段階と考えられているが，この段階に達すれば，認知発達が完了するということではない。青年期を過ぎても，認知機能のなかでも重要な推論，意思決定などの能力は，現実に起きる複雑な問題に対処するなかで，発達し続ける。

マルコビッツとバロエット（Markovits & Barrouillet, 2002）は，メンタルモデルを援用して，「もし～ならば，～である」のような条件法に関する推論の発達的変化を検討した。メンタルモデルとは，頭のなかで構成される知識構造であり，推論や意思決定の際に，そのモデルを操作して解決を図る。この推論の難しいところは，実際にはおきていないことについて，異なる条件のモデルを想像し，比較検討しなければならないことである。マルコビッツとバロエットは，これに必要な能力のうち，発達に伴って変化するのは，より多くのモデルを同時に考える能力と，モデルを構成する際に長期記憶から効率的に情報を取り出す能力としている。特に，経験のない前提や抽象的な前提でも，青年期以降にはモデルをより迅速かつ効率的に生成できるようになる。

また，クラシンスキー（Klaczynski, 2009）は，意思決定のときに使われる，互いに影響し合いながらも別々に発達する2つの情報処理システム，経験的システムと分析的システムの存在を仮定している。経験的システムは，これまでの経験を通して身につけた判断力とヒューリスティック[1)]を利用しており，これによって，意思決定の際に正しいと思われる「直感」が得られる。このシステムは努力を必要とせず，多くの場合（多少，間違っていても）うまくいったと「感じられる」ため，頻繁に使用される。一方，分析的システムは，状況の分析のために長所と短所をリストアップしたり，コストや可能性

の確率を計算したりすることが含まれるため，努力を必要とし，意識的に制御される。青年期以降には，この2つのシステムが発達することによって，直観力を働かせ，特定の状況における重要な手がかりを判断できるようになり，また，状況を分析する能力が増していく。

(2) 高齢期の認知の特徴

認知機能は，一般的に，高齢になると低下するという認識を持ちやすい。しかし，これまでの研究からは，認知機能の加齢による変化は多様で，比較的若い時期から低下がみられる機能もあれば，成人期から高齢期にかけて，高いレベルで維持されたり，より高まる機能があることが明らかにされてきた（高山，2012）。以下，その例をみていこう。

バルテス（Baltes, 1987）は，認知機能をメカニクスとプラグマティクスの2つのカテゴリーに分類している。メカニクスには，処理速度や正確性など，基礎的な情報処理操作が含まれ，生物学的基盤と関連が強い。一方，プラグマティクスには，技能，技術，教育によって得た知識，日常生活の問題を解決するための能力が含まれ，社会や文化のなかに蓄積された知識との関連が強い（高山，2012）。クンツマンとバルテス（Kunzmann & Baltes, 2005）によると，メカニクスの部分は加齢による低下が認められたものの，プラグマティクスの部分は高齢期でも安定していることや，より成長する傾向すら認められた。

また，ソルトハウス（Salthouse, 2004）は，複数の研究から語彙（同義語），処理速度，推論，記憶にかんする実験のデータを抽出して統合し，20代から80代の対象者を5歳ごとの年齢群に分け，年齢の差異を明らかにするための再分析をおこなった。その結果，メカニクスに含まれる処理速度，推論，記憶は，年齢が上がるほど得点が下がった。一方，プラグマティクスに含まれる語彙は，60代近くまで得点が上昇し，その後も大きく衰えることはなかった。

コラム　認知機能の回復を目指して

認知機能のメカニクスにかかわる能力は，加齢によって低下していくことが示されたが，このような低下を予防したり，回復させる訓練の効果についての研究もおこなわれている。これまでの研究結果は，訓練は有効であり，認知機能は回復することを示している。たとえば，アメリカで3,000人に近い参加者を対象にした大規模な認知訓練研究では，記憶，情報処理の早さ，論理的推論能力の 3 つの領域に対して訓練をおこなったところ，記憶以外の領域では，10年後にも訓練の効果が維持されていたことが示された（Rebok, et al., 2014）。また，日常生活機能の自己評価も高かった。この 2 つの結果は直接的には関連していないかもしれないが，何らかの訓練を受けた経験が日常生活機能の維持に貢献するのであれば，高齢者に対して様々な介入プログラムを提供することは，社会経済的にも意義があると考えられる（権藤・石岡，2014）。

第４節　知能の理論について

知能についての捉え方や，注目される能力は，文化・社会・時代にも影響されると思われる。ここでは，知能に対する主な考え方と知能理論を紹介する。

（1）知能指数と知能検査

知能検査は20世紀の初めにビネー（Binet, A.）らによって精神発達遅滞児を見分けるために開発された。その後，知能指数という指標が一般的となり幅広く一般児童に実施されるようになっていった。日本では「田中ビネー式知能検査」や，発達段階に応じた知能検査「ウェクスラー式知能検査（成人用：WAIS・児童用：WISC・幼児用：WPPSI）」なども広く活用されている。これらの検査は，知能指数（IQ）という指標で数値化されることが多いが，知能指数とは，平均的知能を IQ ＝100として，各個人の知能がどのくらい平均値から離れているかを数値化したものである（コラム参照）。

コラム　IQとは？　知能指数の分布

偏差IQの分布

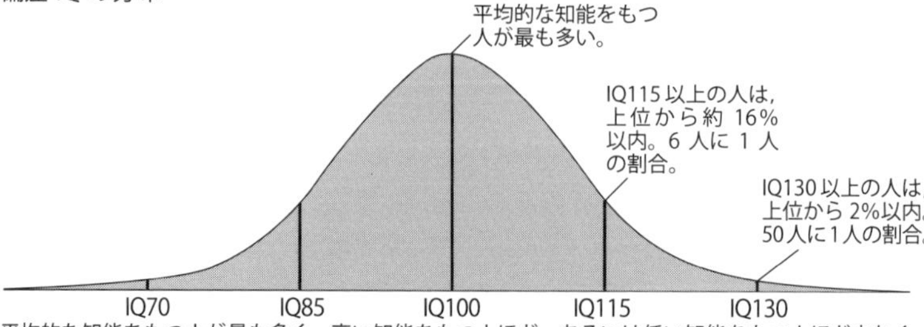

平均的な知能をもつ人が最も多く，高い知能をもつ人ほど，あるいは低い知能をもつ人ほど少なくなっていくと仮定されている。その場合，人の知能分布は，図のようなつり鐘型の曲線（懸垂曲線）をえがくと仮定されている。IQ85～IQ115の間に約68%の人が，IQ70～IQ130の間に約95%の人が含まれる。

$$IQ=\frac{\text{個人の得点}-\text{該当年齢の平均得点}}{\text{該当年齢の標準偏差}}\times 15+100$$

IQの値は，得点が集団の平均点からどれくらい外れているかをあらわす「標準偏差」という値を用いてみちびかれる（定義は左の式を参照）。受験に使われる偏差値は平均50，標準偏差10だが，IQでは平均100、標準偏差15に標準化されている。

（水谷編，2012，p.127）

（2）多様な知能理論

知能因子モデルと構造モデル

知能をいくつかの因子で説明する知能モデルを提唱したのがスピアマン（Spearman, C.），サーストン（Thurstone, L.），ギルフォード（Guilford, J.P.）である。スピアマンは2つの因子（一般因子と特殊因子）から「2因子説」を，サーストンは7つの因子（言語理解・語の流暢さ・空間・知覚の速さ・数・記憶・推理）による「多因子説」を提唱した。また，ギルフォードは，3つの次元「内容（4種類）・操作（5種類）・所産（6種類）」のなかに4～6種類の因子を想定する「知能構造モデル」を提唱した（藤永他編，1981）。

2つの知能（流動性知能・結晶性知能）理論

キャッテル（Cattell, R.B.）は，学習による獲得的知能である「結晶性知能」

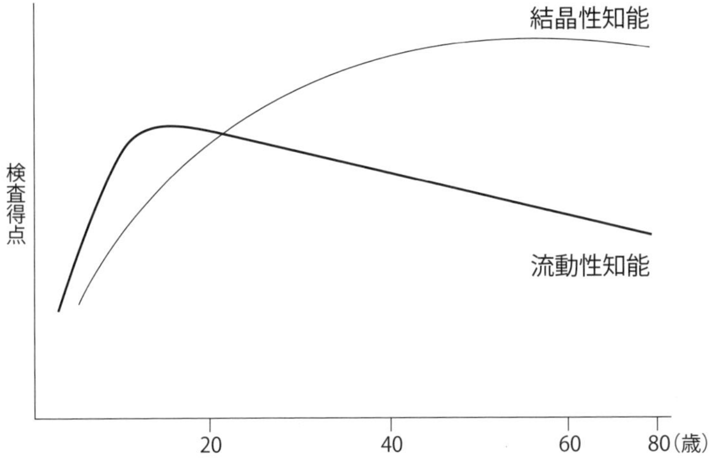

図6-3　流動性知能と結晶性知能

（鈴木，2008，p.10）

と身体・生理的変化の影響を受けやすい「流動性知能」に分けて，年齢による2つの知能の変化を表した（**図6-3**）。結晶性知能は，教育歴や社会経験から身に付く語彙や読解力・一般知識などで生涯を通じて習得される。一方，流動性知能は，新しい環境に適応するために必要な能力などで，問題解決のための規則を見つけ，新課題へ応用するなどの適応能力であり，30代を過ぎると徐々に落ちてくる能力であると考えられる（藤永他編，1981）。

知能の鼎立《ていりつ》理論（Triarchic Theory of Intelligence）

スターンバーグ（Sternberg, R.）は，これまでの知能理論とは異なる3種類の知能を提唱した。第1の知能は構成的知能（Component intelligence）と呼ばれ，従来の結晶性知能や流動性知能が含まれている。この知能が高い人は，知能テストや学校での成績が優秀で，メタ認知能力（モニタリング・評価・プランニング）に優れている。第2は，経験的知能（Experiential intelligence）といわれるもので，経験的知識を基にした課題の理解や遂行能力が含まれる。この知能が高い人は，自分の経験から得た知識を基に独創的なアイディアを出したり，興味を持ったことには集中して先駆的な役割を果たすことができると考えられている。最後の知能は，文脈的知能（Contextual intelligence）と呼ばれ，現実社会での空気を読むなどの状況把握や状況判断力が含まれる。そのため，実用的知能・社会的知能とも呼ばれる。アメリカ社会において，貧しい子どもたちが路上で暮らす適応力を身につけていることを「ストリート・スマート」というが，このような能力を表している（Sternberg, 1988）。

多重知能理論（Multiple Intelligence）

ハーバード大学のガードナー（Gardner, H.）は，脳科学の知見を基に，主に８つの知能：①言語的知能②論理数学的知能③音楽的知能④空間的知能⑤身体的－運動感覚的知能⑥内省的知能⑦対人的知能⑧博物学的知能に分けられる多重知能理論を提唱した（Gardner, 1983）。内省的知能は，自己理解と感情調整などが含まれ，対人的知能は他者理解の知能と考えられる。これらの社会情動的知能は学力に直接かかわる論理数学的知能と同様に重要な知能の一種（第４章参照）であることを明確に示されている（**表６-２**）。

ガードナーによると，これら８つの知能は誰でも持っており，１つひとつが独立しているのではなく連携して働くと述べている。たとえば，バスケッ

表6-2　MI：多重知能理論

1	言語的知能	話し言葉・書き言葉への感受性，言語を学ぶ能力，目標を成就するために言語を用いる能力
2	論理数学的知能	問題を論理的に分析したり，数学的な操作を実行したり，問題を科学的に究明する能力
3	音楽的知能	音楽的パターンの演奏や作曲，鑑賞のスキル
4	身体運動的知能	問題を解決したり何かを作り出すために，身体全体や身体部位（手や口など）を使う能力
5	空間的知能	広い空間のパターンを認識して操作する能力や，また，もっと限定された範囲のパターンについての能力
6	対人的知能	他人の意図や動機付け，欲求を理解して，他人とうまくやっていく能力
7	内省的知能	自分自身を理解する能力。自分自身の欲望や恐怖，能力も含めて自己の効果的な作業モデルを持ち，そのような情報を自分の生活を統制するために効果的に用いる能力
8	博物学的知能	種々のものをパターン認識したり区別したりする能力

（Gardner, 1999；松村訳，2001，pp.58-68から筆者作成）

トボールをするときは，シュートする（身体運動的知能）・ボールのコースを読み取る（空間的知能）・味方同士で力を合わせる（対人的知能）などが必要で，これらが連携してはじめて成り立つのである（永江，2008）。また，知能は環境や教育によって変化しうる能力であるため，発達させることができるが，好ましくない環境にいる子どもは，発達が阻害される可能性もある。教師は，このような多様な知能の考え方を基に，子どもたちの個性を見つけてそれを伸ばしてあげることが必要である。この意味で，教師の役割も大きいと思われる。

■注

1） 人が意思決定をしたり判断を下すときに，厳密な論理で一歩一歩答えに迫るのではなく，直感で素早く解に到達する方法のことをいう。

■引用文献

権藤恭之・石岡良子「高齢者心理学の研究動向——認知加齢に注目して」日本老年医学会雑誌，51, 195-202, 2014年

Baltes, P. B., Theoretical propositions of life-span developmental psychology: On the dynamics between growth and decline, *Developmental Psychology*, 23（5）, 611-626, 1987

Klaczynski, P. A., Cognitive and social cognitive development: Dual-process research and theory, In J.S.B.T. Evans & K. Frankish（Eds.）, *In two minds: Psychological and philosophical theories of dual processing*, Oxford University Press,265-292,2009

Kunzmann, U. & Baltes, P. B., The psychology of wisdom: Theoretical and empirical challenges, In R. J. Sternberg & J. Jordan（Eds.）*A handbook of wisdom*, Cambridge University Press, 110-138, 2005

Markovits, H. & Barrouillet, P., The development of conditional reasoning: A mental model account, *Developmental Review*, 22（1）, 5-36, 2002

水谷仁編「知能についてのウソ・ホント」『ニュートン別冊　知能と心の科学』ニュートンプレス，2012年

Rebok, G.W., Ball,K, Guey, L. T. Jones,R. N., Kim, H-Y, King, J. W., et al., Ten-Year Effects of the Advanced Cognitive Training for Independent and Vital Elderly Cognitive Training Trial on Cognition and Everyday Functioning in Older Adults, *Journal of American Geriatrics Society*, 62（1）, 16-24, 2014

Salthouse, T.A., What and when of cognitive aging?, *Current Directions in Psychological Science*, 13

(4), 140-144. 2004
Sternberg, R., Beyond IQ a triachic theory of human intelligence, Cambridge University Press, 1988
鈴木忠『生涯発達のダイナミクス――知の多様性　生き方の可塑性』東京大学出版会，2008年
Piaget, J. & Inhelder, B., *The child's conception of space*, Routledge & Kagan Paul, 1956
高山緑「高齢者の認知」高橋惠子・湯川良三・安藤寿康・秋山弘子編『発達科学入門3　青年期～後期高齢期』東京大学出版会，165-182，2012年
旦直子「8　認知の発達」開一夫・齋藤慈子編『ベーシック発達心理学』東京大学出版会，2018年
Gardner, H., *Frames of Mind: Theoty of Multiple Intelligence*, Basic Book. Inc. Publishes, 1983
Gardner, H., *Intelligence Reframed*, Basic Books, 1999（ガードナー，H.『MI：個性を生かす多重知能の理論』松村暢隆訳，新曜社，2001年）
永江誠司『教育と脳――多重知能を活かす教育心理学』北大路書房，2008年
大浜幾久子『ピアジェ理論の展開――ジャン・ピアジェ生誕百年にあたって』教育心理学年報，36，144-155，1997年
中垣啓『ピアジェに学ぶ認知発達の科学』北大路書房，2007年
中島義明編『現代心理学「理論」辞典』朝倉書店，2001年
藤永保他編『新版　心理学事典』平凡社，1981年
中村和夫『ヴィゴーツキー心理学完全読本――「最近接発達の領域」と「内言」の概念を読み解く』新読書社，2004年

■課題

1. 対象の永続性の獲得前と，獲得後では，乳児の遊びにどのような変化がおきるだろうか。
2. それぞれの知能の理論を自分に当てはめてみると，自分はどの知能がすぐれているだろうか。

■参考図書

中垣啓『ピアジェに学ぶ認知発達の科学』北大路書房，2007年
ゴスワミ，U.『子どもの認知発達』岩男卓実・上淵寿・古池若葉・富山尚子・中島伸子訳，新曜社，1998年
ゴプニック，A.『哲学する赤ちゃん』青木玲訳，亜紀書房，2010年

第７章　実行機能と記憶の発達

子どもが自らをコントロールできる力は，生涯にわたり大きな影響力を持つ。我慢する心ともいえる自己制御能力は，ここで学ぶ実行機能やワーキングメモリと関連してくる。自分の欲求のままに行動してしまうような反応を抑え，求められている反応をすることが学校生活や社会生活では期待される。何が求められているのかを知り，自らを抑制することが重要な鍵になってくる。また，自己を客観的にみられるかということも大事なこととなる。わかっていることとわかっていないことを正しく知ることが本当の意味で学習を深めていくことになる。このあたりはメタ認知という考え方が大きく関与してくる。

キーワード
実行機能　抑制　ワーキングメモリ　メタ認知　方略

第１節　実行機能の発達

（1）実行機能

幼児期に我慢ができた子どもは40年後，衝動性が低く自己コントロール能力が高かったという縦断研究（Casey, et al., 2011）がある。これは実行機能の一種を測定して得られた結果である。

実行機能（executive function: EF）とは，Müller & Kerns（2015）によると，行為や思考，情緒の意識的な制御をおこなおうとする認知プロセスで，前頭葉を含む神経基盤と深くかかわっているとされる。ただし，実行機能には関連する自己制御（self regulation）や自己コントロール（self control），エフォートフル・コントロール（effortful control）など別の概念があるが，それらが用いられる領域やニュアンスには違いがある。自己制御は実行機能より広い意味合いを持っており，現状と目標との違いを少なくしようとする目標指向的な行動である。自己コントロールは，自分の感情や行動を外的な強制力なしに抑制することを指している。またエフォートフル・コントロールは，発達心理学の気質研究からきた考え方で，神経心理学的な領域から用いられるようになった実行機能とは研究の前提が異なる。抑制と注意の制御を中心としている。

Miyake, et al（2000）は，実行機能を抑制（inhibition），更新（updating），シフト（shifting）の3つに分けてモデル化している。抑制とは現在の状況で優位な反応や思考を抑える能力を指している。更新は，保持されている一時的な記憶をモニターし新たな情報に従い，更新していく役割を担うとされている。シフトは柔軟に課題への対処を切り替えていく能力をあらわす。ただ，児童期以降はこのモデルはうまくあてはまるが，幼児期では必ずしも3つの要素に明確に分かれているのではなく，むしろ総体として実行機能の説明がなされている（Wiebe, et al. 2008）。記憶の一時的保持や処理という側面からワーキングメモリとの関連は強いが，実行機能は自らの思考や行動の制御が中心的な概念であり，ワーキングメモリは心内での主に記憶の作業が中心になる。その点で同じ課題でもその意味合いに違いがある。

さて，Miyake, et. al（2000）の分類に従い，「抑制」「更新」「シフト」の各要素をみていくことにする。抑制機能は自分を律する心，我慢する心ともいわれるが，遅延抑制と葛藤抑制の2種類に分かれる。前者はすぐに反応せずに，待てるかという抑制で，後者は今現在優位となっている反応を抑制し劣位な反応を産出する際の抑制を意味している。

（2）実行機能の測定

遅延抑制の1つに，子どもが検査者と交代で積木の塔を構成していく課題がある。検査者の番を待ってから子どもは積木を積まなければならない状況なので，相手が積み上げるまで自分の反応を引き延ばすという遅延抑制が求められる。またピンボールのピンを引いたまま，検査者が「よし」というまで我慢して離さずにいられるかという課題も，この遅延抑制を測定する課題の1つである（Carlson & Moses, 2001）。

葛藤抑制を測定する課題として検査者の指示に従い行為を実行するしないといったGo/No-go課題がある。ルリヤ（Luria, 1959: 松野・関口訳，1969）は，意図的に自分の行動を制御しなければならない随意運動を，与えられた刺激に対する行動調節の働きとして捉えている。

更新ではn-back課題が代表的といえる。順番に1つずつ絵が提示され，今，示されている絵がn番目前に提示された絵と同じかどうかを問う課題である。n回前までの絵の記憶をそれぞれ一時的に保持し，尋ねられた回からさかのぼって一致しているか否か判断しなければならない。検査だけでなく認知能力の訓練で使われることもある。

実行機能の下位能力とされるシフトは，注意の切り替えという点で，以前のルールに固執することなく新しいルールへと移ることができるかをみようとするものである。シフトを測定する課題として，色と形の2つの要素で描かれた2種類のカードを色か形かで分類する次元変化カード分類（DCCS）がある。最初，色でカードを分けて，後に形に変えて分けるよう指示しても，最初の色の次元のまま続行してしまいルールに沿った切り替えができないことが多い。この課題は，シフトの能力を測定するためルールの変更に対して柔軟に切り替えをおこなえるかどうかをみていることになるが，ここで求められる能力はワーキングメモリの役割とも重なってくる。

（3）実行機能と心の理論

実行機能は心の理論と関係しているといわれている（Perner & Lang, 1999）。心の理論を持つとは，他者や自己の考えがわかり，その心のあり方が予測できることを指している。心の理論を調べるのによく用いられる誤信念課題は，サリーとアンの課題のように，事実を見ていない他者が事実を見た自分とは異なる間違った見方（誤った信念）を持ってしまったことを子どもが理解できるかを測ろうとする。人の心がわかるためには，自分の思いを抑え相手の

コラム　葛藤抑制の課題

ルリアは子どもに，特定の赤色のランプの点灯に対してバルブを押し，緑色のランプの点灯では押さないように反応するように指示した。子どもはランプが点灯しても，ランプの色を識別して押すか押さないかの反応を制御しないとならない。年齢とともに反応の制御ができるようになるが，幼い子どもの場合は点灯しただけで押してしまうという抑制の取れない結果を得ている。また，文字の色・読みを答えてもらう課題がある。文字綴りとは違う色で描かれていると反応に遅れが生じる。たとえば「緑」という文字が黄色で書かれている場合，黄色と言わないようにためらう。判断に葛藤が生じるからだ。これをストループ効果[1)]という。その幼児版として開発されたのが昼夜課題である（Gerstadt, et al., 1994）。太陽と月を描いたカード（**図 7 - 1**）が用意され，白い太陽カードが示されると「夜」，黒い月カードのときは「昼」と返事するルールを覚えてもらう。各カードに対して，自然に出る反応を抑え，定められた逆の反応をしなければならない課題である。その研究では 3 歳（72%）から 7 歳（92%）にかけ，年齢とともに正答率は増加するだけではなく，2 つのルールの使い分けが，早くから備わっていたことも示された。

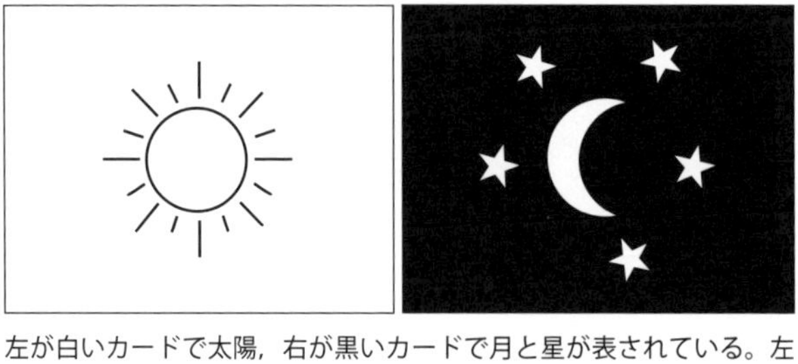

左が白いカードで太陽，右が黒いカードで月と星が表されている。左のカードが示されると夜と答え，右では昼と逆のことを反応しなければならない。

図7-1　昼夜課題で用いられた図柄

（Gerstadt, et al., 1994）

心を理解しなければならない。相手の立場に立つことが求められるので，優勢となりがちな自らの見方に対する抑制機能が大きく関与する。実行機能と誤信念の認識は，①情報を保持しながら優勢な反応を抑えるといった共通のことがおこなわれていて，②実行機能が誤信念を理解する上での前提条件となっている，という点などが指摘されている（Müller & Kerns, 2015）。心の理論については本書の第 9 章も参考にされると良い。

第 2 節　記憶のメカニズムとワーキングメモリの発達

（1）記憶のメカニズム

教育現場では覚えなければならないことが山ほどあり，何とか覚えようとしても忘れてしまうこともある。しかし何度も繰り返さなくても印象深かったことなどは一瞬にして記憶に残ってしまうこともある。また，動きを通して身体で覚えてしまう場合もある。どのようにすれば記憶に定着させることができるだろうか。ここでは記憶のメカニズムをみてみることにする。

記憶モデル

記憶のあり方を考える上で代表的なモデルには，アトキンソンとシフリン

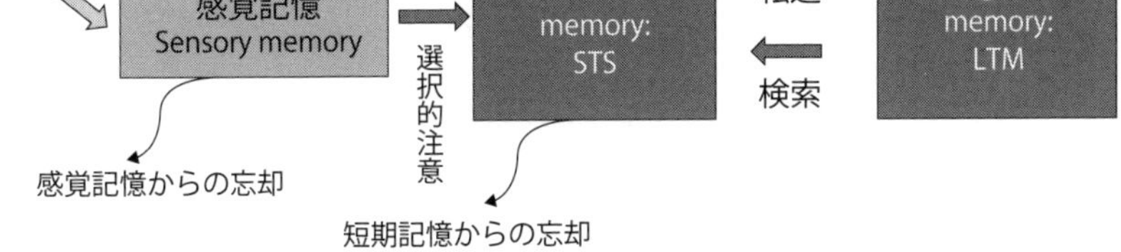

図7-2　アトキンソンとシフリンのモデル

（Atkinson & Shiffrin, 1968）による情報処理モデルがある（**図 7 - 2**）。すべての感覚器官を通じて入ってきた情報は感覚記憶と呼ばれ0.2～0.5秒ほど保持されるが，選択された情報だけが短期記憶へと送られ，15～30秒ほど保持される。短期記憶は，たとえば電話番号やパスワードなどをメモ書きするまでの間や，教場で先生の言ったことをメモしなさいと言われ，書き留めるまでの段階の記憶と対応している。

また，記憶を維持させるため，メモ代わりに頭のなかでつぶやくなど繰り返しをおこなうことがある。これをリハーサル（rehearsal）という。その結果，長く覚えていられることもあるが，確実に覚えるためには次の長期記憶へ転送させる必要がある。一度に記憶できる容量を記憶スパンというが，ミラー（Miller, 1956）によれば，リハーサルのために短期記憶に保つことのできる容量には限りがあり，7 項目 ± 2 の間であるといわれている。情報の塊の単位をチャンクと呼び，それを 1 つと数えたものであるが，これは成人のレベルであって，幼児や児童ではこれより低い値になる。近年，この 7 ± 2 についてはさらに少ないチャンクではないかという説も現れてきている。

記憶内容の種類

長く記憶を留めておける長期記憶は，その性質の違いから宣言的記憶と手続き的記憶とに区分される。また，宣言的記憶はさらに 2 種類の記憶に分けられる。言葉の意味や知識，概念にかんする意味記憶と，出来事や思い出などを含んだエピソード記憶である（**図 7 - 3**）。この 2 つの宣言的記憶に共通することは，言葉に直して書いたり伝えたりすることができるという性質にある。一方で手続き的記憶は，言葉ではなく身体や行為を通じて覚えている記憶である。たとえば鉛筆の持ち方，自転車の乗り方などは，やり方が記さ

宣言的記憶 ｛ 意味記憶：言葉の意味，知識，概念など
　　　　　　 エピソード記憶：実際にあった出来事や思い出

手続き的記憶：身体や動作，動きなどを通じて覚えている記憶

図7-3　長期記憶の種類

れたマニュアルがあるわけではない。記憶している内容を仮に知識といいかえるならば，宣言的知識は，それがなんであるかを知っていること（knowing what）であり，手続き的知識は，そのやり方を知っていること（knowing how）といえる。

ここまで情報の流れから記憶をみてきたが，実際の脳のなかではどのような部位と関係し，どのように情報が記憶されていくのだろうか。例をあげてみてみよう。

宣言的記憶の例となるが，たとえばAちゃんについて人は「女の子」で，「赤い服」「いちご」「お花」が好きで，という具合に複数の情報を結び付けて，我々は記憶している。できるだけ多くの結びつきがある方が忘れにくい。記憶が保持されやすいように多くの意味づけがおこなわれることを記憶の精緻化という。頭のなかで神経細胞同士ができるだけ多くのネットワークを形成することと，複数の情報を結びつけることが対応する。また宿題で覚えなければならない文字や記号があるとしよう。ここで使われる記憶の種類には繰り返し書いて覚えたりするリハーサル，よく似たものを整理して覚えようとする体制化や群化（clustering）がある。放っておくと短期記憶ではすぐ忘れてしまうが，忘却前に繰り返しリハーサルをおこなうことで，神経細胞間の回路が形成され，海馬という脳の記憶をつかさどる部分を通じて大脳皮質へと移されて，確実に長期記憶として定着することになる。これが学習の成り立ちである。ちなみに，短期記憶では記憶されやすいように情報の加工がおこなわれるが，そのために海馬だけでなく，大脳辺縁系，前頭連合野，視覚野と広範囲の脳部位が使われている。

記憶の発達と方略

記憶の発達において，最初に取り上げたフラベル（Flavell, 1971）は，幼児期から児童期にかけ，リハーサル・体制化あるいは群化といった記憶方略（strategy），記憶場面，記憶の仕方がより正確なものへと発達していくことを指摘した。

記憶方略の発達として，フラベルとウェルマン（Flavell & Wellman, 1975）は，それまでの研究を整理している。そこで取り上げられた研究例では，記憶方略と自分の記憶に対する変数が述べられている。フラベルたちは6歳の子どもを2グループに分け絵の再生課題をおこなった。一方の子どもたちには，思い出すのに助けとなることは何をしても良いと告げられた。他方の子どもたちには単にそれらの絵を調べるように教示がなされた。覚えておくように指示された子どもたちは，カテゴリごとに絵をグループ化しようとした。これは子どもたちが，カテゴリ化していない項目よりもカテゴリ化しておいた項目の方が覚えやすいという結果を示している。さらに，自分の記憶能力やその限界について，年長の子どもは年少の子どもより正確に自分の能力について把握していた。これらのことから，カテゴリーに分けるという体制化の方略が記憶保持に役立つということ，年齢にしたがって正確に自分の記憶能力をモニターできるようになることが示された。また，自分の記憶能力にかんする実験結果では，子どもに10枚の絵を順次見せた後に，どれくらい正しい順序で思い出せるか尋ねたところ，4～6歳の半数以上の子どもが，10枚とも全部思い出せるといった無茶な予想をしたが，7～10歳の子どもは自分の能力をよくわかっていて，過信したのはわずかに4分の1以下の人数にとどまるものであった。

フラベル以降，記憶方略の発達は，ビヨルクルンド他（Bjorklund, et al., 2009）により多くの研究成果が整理され，**表7-1**に示したように10種類に分類された。6～7歳では1～2語を音韻的に反復するにとどまるが（単語のリハーサル），カテゴリー分けが容易なものであると（たとえば，犬・猫のグループと塩・胡椒など）リハーサルを方略として用いることができる（関連性の高い単語同士の組織化）。

8～10歳になってくると，同じカテゴリーでも関連性の低い単語同士（たとえば，ヤギと鹿や帽子と靴など）でも結び付けて覚えられるようになる。また，記憶テストがおこなわれる前にそのものの名前を見ずに言って，覚えているかどうかを自己診断的にチェックするという方法や（自己診断），与えられた事物のカテゴリーを言うという方法（カテゴリーの命名）で記憶できるようになってくる。また覚えるために時間を適切に確保しようとしたり（学習時間の効果的な割り当て），検索の糸口やヒントがあれば想起できるようになる（検索のための記憶方略）。出来事を思い出すようにいうと，この時期の子どもは

表7-1　子どもが学校環境で自発的に示す様々な記憶方略[1]

	6-7歳	8-10歳	11-14歳
単純項目のリハーサル	○		
累積的リハーサル		○	
関連性の高い項目間の組織化	○		
関連性の低い項目間の組織化		○	
自己診断 / カテゴリーの命名		○	
学習時間の効果的な割り当て		○	
検索のための方略		○	
記憶力に基づく方略		○	
精緻化[2]			○
複雑な文章を覚えることの方略[2]			○

注1　年少の子どもは促せば効果的な方略を用いることもある。
注2　これらの方略は後になっても生じないかもしれない，成人でもこれらの方略の使用に失敗する。

（Bjorklund, et al., 2009: Schneider & Bjorklund, 2003より筆者作成）

思い出深さが重要な手掛かりとなる（思い出深さによる方略）。

11～14歳になると，覚えるべき言葉を他の語とともに復唱するといったことができるようになり，復唱の回数ではなく質的な変化が生じ始める（累積的リハーサル）。また，この年齢では，覚えておかねばならないことを意味的に無理やりつなげるということも出てくる。たとえば，帰宅中にクリーニング店に行くのを忘れないように，帰路のバスが服を着ているという奇異なイメージを持つなどである（精緻化）。最後に，文章にマーカーを引き内容を要約するなどしてそれを覚えるという方法が取れるようになる（複雑な文章を覚えるための方略），と考えられている。

（2）ワーキングメモリの発達

短期記憶の1種であるが，文章理解や暗算，判断や思考など多くの認知活動が一時的に保持され，加工作業がおこなわれる場合，作業記憶あるいは作動記憶（ワーキングメモリ）という。

ワーキングメモリの測定

ワーキングメモリの調べ方の1つに，リーディングスパンテスト（苧阪，2002）がある。与えられた短文を音読しながら特定の単語を覚えなければならないという課題で，音読処理と単語の保持とを同時に並列的におこなう必要がある。複数の要請に同時に応えることで，処理容量の限界を調べる検査である。従来のメモリスパンテスト，つまり短期記憶課題では，単語を単純に記名保持することだけを求めていたので，ワーキングメモリ内の音韻ループを評価するものであったが，このリーディングスパンテストでは2つの作業を同時におこなわなければならない性質から，音韻ループと連携し，注意の焦点化と切り替え，および情報の更新といった中央実行系の制御機能を測定することができるようになった。実際にこのテストでは文章読解を調べる課題と高い相関があることもわかっている。

もう1つ代表的なものとしてはウィスコンシン・カード分類テスト（WCST）がある（**図7-4**）。このテストでは，自分が推測した分類が正しかったかどうかを覚えておかなければならないと同時に，ルール変更に対応しなければならない。こうした同時に複数の認知的な作業がおこなわれる場合にワーキングメモリが用いられるとされている。しかし，課題遂行上，色や形，数などの概念形成ができあがっていることが前提となり，十分な教示理解が求められてもいるのでワーキングメモリだけでなく，他の心の働きも関係していると考えられている（五十嵐・加藤，2000）。なお，幼児版として，実行機能でもふれた次元変化カード分類課題（DCCS）が開発されている。

コラム　ウィスコンシン・カード分類テスト

WCSTではカードに描かれた図形を用いるが，図形の色・形・数がそれぞれ4種類ずつあるものが使われる。最初に4枚カードが並べられる。たとえば1番目は赤い丸が1つ描かれたカード，2番目は青色の三角が2つ，3つ目は緑色の十字が3つ，4つ目に黄色の星が4つ示されたとしよう。子どもはカードの束をめくりたとえば黄色の十字が1つあったとする。そこで，分類のルールは知らされず自分でルールを推測し目の前の4枚のカードのどれが仲間であるのかが問われる。その子が仮に色で分けられていると思えば黄色の星が4つのところに置くだろう。カードを配置するたびにそれが正しい分類かどうかが知らされる。それなので，正しければ色分けルールでいいのだが，違っていると言われれば，他のルールを模索しなければならない。そのうちルールを探り当てうまく置けるようになるが，分類がある程度うまくいったところで，検査者は子どもに何も言わずに突然揃えるべき次元（色や形，数）の変更をおこなう。そこから新しいルールがわかるまでの時間やエラー数などがワーキングメモリの指標とされる（図7-4）。

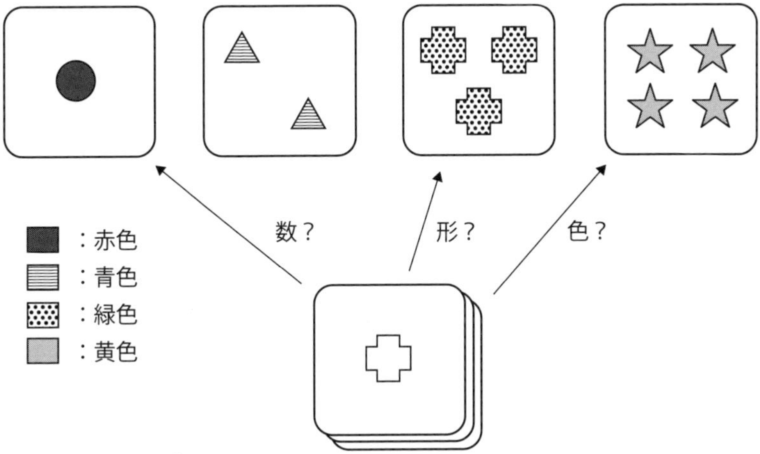

図7-4　ウィスコンシン・カード分類検査（WCST）の例
（筆者作成）

色と形の次元に限定しWCSTよりは易しくなっている。こうした課題ではルールの変更への対応が求められている点で，一時的に記憶を保持するだけでなく，注意の切り替えと抑制の両方の働きが関連しており，実行機能を測定する課題としても扱われることがある。

ワーキングメモリの容量

情報処理的アプローチをとる認知発達の領域では，ワーキングメモリを量という側面から捉えようとしている。これはピアジェの認知発達の考え方を情報処理的な見方で捉えなおしたものである。その内の1人パスカル・レオン（Pascual-Leone, et al., 2010；Pascual-Leone & Baillargeon, 1994）は，すでに1970年代に年齢とともに3歳から青年期まで認知的な処理能力が増大していくという考え方を学位論文で示した。課題を解くために必要な情報を貯蔵する空間を想定し，対象そのものや手続き的知識の集積であるM能力（M capacity）というワーキングメモリが働くとしている。**表7-2**に示されるように，年齢に従い段階的にM能力が数値の上で増加すると想定され，ピアジェの段階説とも対応づけられている。M能力は$e+k$と表記されるが，eは課題を遂行する上での一般的な情報を貯蔵する量で，年齢不変と捉えられている。一方で，kは課題を解くのに必要な，特別な手続きにかんする空間ということになる。3歳から16歳まで1年おきにkは1単位ずつ増大するが，年齢に見合った扱える情報量を超えると失敗してしまうというモデルである。

各単位は情報内容からなる。ピアジェは見た目が変わっても，本質は変わらないという認識を保存の概念と考え，いくつかの課題を考案している。液量の保存課題では，等量の水を入れた同じ形のビーカーを2つ用意し，一方のビーカーから別に用意した高さと幅の異なるビーカーに水をすべて移して比べさせる。見えに左右される子どもは水の量が増えた（減った）とするが，液量の保存概念が獲得される7歳以降の子どもは同じであることを理解できる。このピアジェの液量の保存を例に取ると，①2つのビーカーが等しいと

表7-2　パスカル-レオンのM能力の発達変化

M能力 $(e+k)$	ピアジェの下位段階	年齢
$e+1$	前操作期 前半	3～ 4
$e+2$	前操作期 後半	5～ 6
$e+3$	具体的操作期 前半	7～ 8
$e+4$	具体的操作期 後半	9～10
$e+5$	形式的操作期への移行	11～12
$e+6$	形式的操作期 前半	13～14
$e+7$	形式的操作期 後半	15～16

注　このモデルでは，eは26-28か月の間に発達するM能力を示し，kは年齢とともに現れてくるM能力を表している。

（Pascual-Leone & Baillargeon,1994）

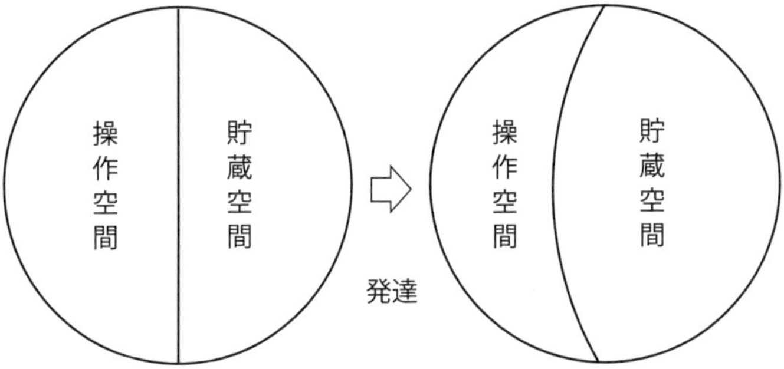

図7-5　ケースの考えた総量は変わらないが相対的に変化する空間

（Bjorklund, 1989）

いうこと，②長さの異なる第3の容器にビーカーの水を注ぐという変換の場面を記憶するということ，③注いでも質量に変化はないというルールが記憶されていること，以上の3種類の情報（$k=3$）が求められるとされる。5～6歳の子どもは $e+2$ の M 能力レベルであるので，失敗してしまうことになる。ピアジェ理論のような論理的な構造的ではなく，情報処理的な機能的な見方をしている。

一方で，ケース（Case, R.）はパスカル・レオンのような年齢にしたがっての処理容量の増大という考え方とは違い，扱える総量は変わらないとしている。彼は定まった処理空間を操作空間と貯蔵空間に分け，年齢が進むと効果的に情報を扱うことができるようになるので，情報を扱う操作空間が相対的に減少し，その分貯蔵空間での働きが増すという考えをとった。ちょうど，パスカル・レオンの M 能力が処理空間，e が操作空間，k が貯蔵空間に対応する（**図7-5**）。

第3節　メタ記憶とメタ認知の発達

(1) メタ記憶からメタ認知へ

メタ認知とは，メタ（高次の）といういい方からわかるように，何かを実行している人の頭のなかで働く「もう1人の自分の知識や活動」のことを指し，①今おこなっていることを「モニタリング」し，②うまくできるかどうかの「評価」，③自分の状態を「コントロール」することなどが含まれている。古くからソクラテスの「無知の無」として哲学では問題とされてきたが，1970年代から心理学で取り上げられるようになってきた。

メタ認知はメタ認知的知識（metacognitive knowledge）とメタ認知的経験（metacognitive experience）あるいはメタ認知的活動（metacognitive activity）に分かれている。前者は認知活動全般にかんする「知識」，後者は自分の認知活動やプロセスをモニターしコントロールする「制御」の側面を指す。メタ認知的知識はフラベル（Flavell, 1979）によると，人（person），課題（task），方略（strategy）の3カテゴリーに分類される。「人」というメタ認知的知識は，自分自身の能力をきちんとモニターできているかどうかであり，先の例（第2節での10枚の絵を子どもに見せて正しい再生の可能性を問う課題）でいうと，どれくらい覚えていられるかといった自分の能力の把握，他者と比較して自分がどれくらいできるのかわかっていることなどが含まれる。「課題」とは，与えられた情報の性質を理解できているかについてである。そのものをよく知っているかどうか，その情報をよくまとまって捉えているかどうか，そのことを面白く思うかつまらなく思うかなどにあたる。「方略」は，どういった認知的な企てが課題の目標達成に有効であるかについての知識である（先の例でいうと子どもがカテゴリー化したかどうかで成績が異なる）。この課題ならば，この方略で解くという具合に，課題解決に対するやり方の知識とされている。

メタ認知は心の理論や自己制御とも関係することがわかってきている。メタ認知も自他の心の状態を捉える点で，心の理論と類似した働きがあるとされるが，関連性は今後の研究課題といえる。

（2）自己制御学習とメタ認知

また近年になって自己制御学習（self regulated learning；自己調整学習とも呼ばれている）とメタ認知との関係が掘り下げられている。ただし自己制御が先に学んだ実行機能にきわめて近い概念ということもあり，クラスのなかでの社会的・認知的適応を果たし，課題を実行するのに注意や方略を制御する認知的自己制御（cognitive self-regulation）という捉え方をするきざしが現れてきている。教育心理学の領域で主に用いられることが多い。

自己制御学習では，与えられた情報の処理だけでなく行間を読み，様々な意味で自分を客観視することが求められている。メタ認知的アプローチとして，子どもに対して目標へ向け連続的にモニターをおこなうように指導し，結果をチェックしうまくいかなかったことがらを修正するなどの営みがある。メタ認知的知識は就学後も伸びていくが，学齢期になっても子どもたちは，自分の考えについて知っていることを行動に移すのがまだ苦手であることが多い。たとえば，ピアノを弾いている子どもがある部分で間違ったとしよう。その子はそのまま無視してしまうだろうか，それとも後でその部分を練習しようとするであろうか？ 親や教師はそこで，その子が学ぶべき特定の部分があることを示し，そこをいかに習得すべきかについての方法を教え，進み具合をモニターするよう励ますことになる。学習結果のモニターは認知的に求められていることであり，また努力や進み具合の評価が求められている。認知的自己制御を育むという視点は，ヴィゴッツキー（Vygotsky, L.S.）の考え方と似ていて，その後のあり方からすると，効果的な自己制御スキルを身につけた子どもは，学校教育における自己効力感（academic self-efficacy）を発達させることにつながると考えられている。

■注

1）色と文字といった競合する異なる属性の刺激を同時に提示した場合に，反応に遅延が生じる効果のことをいう。

■引用文献

Atkinson, R. C., & Shiffrin, R.M., Human memory: A proposed system and its control processes, *The psychology of learning and motivation*, 2, 89-195, 1968

Bjorklund, D. F., *Children's Thinking :Developmental function and individual differences,* Thomson Brooks/Cole Publishing Co.,1989

Bjorklund, D. F., Dukes, C., & Brown, R. D., The development of memory strategies. In Courage, M. L. & Cowan, N.（Eds.）, *Studies in developmental psychology. The development of memory in infancy and childhood.* Psychology Press, 145-175, 2009

Carlson, S. M., & Moses, L. J., Individual differences in inhibitory control and children's theory of mind, *Child development*, 72（4）, 1032-1053, 2001

Casey, B. J., Somerville, L. H., Gotlib, I. H., Ayduk, O., Franklin, N. T., Askren, M. K., & Glover, G., Behavioral and neural correlates of delay of gratification 40 years later, *Proceedings of the National Academy of Sciences*, 108（36）, 14998-15003, 2011

Flavell, J. H., First discussant's comments: What is memory development the development of ? , *Human development*, 14（4）, 272-278, 1971

Flavell, J. H., Metacognition and cognitive monitoring: A new area of cognitive-developmental inquiry, *American psychologist*, 34（10）, 906-911, 1979

Flavell, J. H., & Wellman, H. M., Metamemory, *Paper presented at the Annual Meeting of the American Psychological Association*, 1-66, 1975

Gerstadt, C. L., Hong, Y. J., & Diamond, A., The relationship between cognition and action: Performance of children 3 1/2-7 years old on a Stroop-like day-night test, *Cognition*, 53, 129-153, 1994

五十嵐一枝・加藤元一郎「ワーキングメモリの発達，小児におけるリーディングスパンテストおよびウィスコンシン・カード分類検査の成績変化に関する検討」苧阪直行編著『脳とワーキングメモリ』京都大学学術出版会，229-308, 2000年

Luria,A.R., & Yudovich,F., Speech and the development of mental processes in the child, Staples Press, 1959（ルリヤ，A. R.『言語と精神発達』松野豊・関口昇訳，明治図書出版，1969年）

Miller, G. A., The magical number seven, plus or minus two: Some limits on our capacity for processing information, *Psychological review*, 63（2）, 81-97, 1956

Miyake, A., Friedman, N. P., Emerson, M. J., Witzki, A. H., Howerter, A., & Wager, T. D., The unity and diversity of executive functions and their contributions to complex "frontal lobe" tasks: A latent variable analysis, *Cognitive psychology*, 41（1）, 49-100,2000

Müller, U., & Kerns, K., The development of executive function. In Liben, L. S. & Müller, U.（Eds.）, *Handbook of child psychology and developmental science Vol.2*, John Wiley & Sons, 571-623, 2015

苧阪満里子『脳のメモ帳ワーキングメモリ』新曜社，2002年
Pascual-Leone, J., Johnson, J., & Agostino, A., Mental attention, ultiplicative structures, and the causal problems of cognitive development, In Ferrari, M. & Vuletic, L.（Eds.）*The developmental relations among mind, brain and education*, Springer, Dordrecht, 49-82, 2010
Pascual-Leone, J., & Baillargeon, R., Developmental measurement of mental attention, *International Journal of Behavioral Development*, 17（1）, 161-200, 1994
Perner, J., & Lang, B., Development of theory of mind and executive control, *Trends in cognitive sciences*, 3（9）, 337-344,1999
Schneider, W. & Bjorklund, D.F., Memory and knowledge development, In Valsiner, J. & Cornolly, K.（Eds.）, *Handbook of developmental psychology*, 370-403,2003
Wiebe, S. A., Espy, K. A., & Charak, D., Using confirmatory factor analysis to understand executive control in preschool children: I. Latent structure, *Developmental psychology*, 44（2）, 575-587, 2008

■課題

1. 実行機能の抑制・更新・シフトがそれぞれ教科学習でどのように働いているか具体的に考えてみよう。
2. ワーキングメモリーの課題と似たことを日常のなかで見つけてみよう。
3. 子どものころから今に至るまで，どのように記憶していたか思い出し，メタ認知と関係づけてみよう。

■参考図書

三宮真智子『メタ認知――学習力を支える高次認知機能』北大路書房，2008年
森口佑介『わたしを律するわたし――子どもの抑制機能の発達』京都大学学術出版会，2012年
湯澤正通・湯澤美紀編著『ワーキングメモリと教育』北大路書房，2014年

第4部

社会的能力の発達

第４部では，社会的能力の発達として，自己理解・他者理解と社会性・道徳性と向社会性・生涯発達の観点から包括的に子どもの社会的能力について理解を深める。

第８章の自己理解の発達では，子どもが自己認識できるようになる過程から，小学校・中学校という学校社会を通してどのように自己が成長するのか，その過程を学んでいく。また，その過程で自尊感情や自己肯定感がどのように育まれるかを理解することは，将来教師を目指す者にとっては重要な知見であると考える。

第９章の他者理解と社会性の発達では，心の理論を中心に他者理解の発達を紹介するとともに，社会性の発達として小学校時期から高等学校時期に至るまでの学校社会における仲間関係について理解する。

第10章の道徳性と向社会性の発達については，コールバーグの理論を中心に道徳的判断の発達について学ぶ。さらに，学校現場における道徳性判断といじめの問題について考え，学校という集団のなかでの同調圧力についても考えてもらいたい。

最後に第11章の生涯発達としての考え方では，発達的変化を一生という大きな枠組みのなかで捉える。現在の自分が生涯発達のどの時期にあるのかを理解することは，将来設計としても役立つであろう。

第４部の学習を通じて，自分と自分を取り巻く他者理解の重要性を認識し，学校現場における社会的な発達と問題にも注目してもらいたい。

第８章　自己理解の発達

私たちは，日常的に自分について考え，自分に対して様々な感情を抱く。自分に対する考えや感情はどのようにして生じ，発達し，またそれらに対する理解はどのようにして深まっていくのだろうか。この章では，幼児期から青年期・成人期にかけての自己の発達とそれに伴う自尊感情（自尊心）の変化を概観し，それらを通しての自己理解の発達について学ぶ。本章での学びを通して，あらためて自分の過去・現在・未来を考えながら自己理解を深めていってほしい。

キーワード
自己　自己概念　アイデンティティ　自尊感情　自己理解

第１節　新生児期から保育園・幼稚園時期までの自己認識の発達

自己という言葉にはどのような意味が含まれているのだろうか。多くの人は，自己とは「わたし」であると答えるだろう。ただ，自己について語るとき，そこに２つの「わたし」がいることに気がついているだろうか。１つは語っている「わたし」であり，もう１つはまじめな私，大学生の私，妹としての私など語られている「わたし」である。ジェームズ（James, W.）は，この語る「わたし」を主体としての自己（I），語られる「わたし」を客体としての自己（me）と呼んだ（James, 1890）。主体としての自己はどこまでいっても意識することはできないが，客体としての自己は無数にある。当然のことながら，私たちは物心がついてすぐにこれら無数の自己を豊かに語ることはできない。言語・認知機能が発達するにつれて（第5，６章参照），また，親，

表8-1　ナイサーによる5つの自己の側面

生態学的自己	視覚，聴覚，自己受容感覚などを通して物理的環境の中で直接知覚される自己（0歳～）。
対人的自己	他者との社会的相互作用の中で，コミュニケーション信号や情動的ラポール（声，アイコンタクト，身体接触など）により直接知覚される自己（0歳～）。
概念的自己	経験や知識から構成された自己。自分に関する信念やイメージが概念化されたもの（2歳ごろ～）。
拡張自己	現在の自己経験を越えて，過去や未来へ時間的に拡張された自己。個人が語り，想起し，未来を映し出すようなライフストーリー（4歳ごろ～）。
私的自己	自分の意識経験が自分だけのものであることにもとづく自己（青年期～）。

（坂上，2014）

友だち，教師など他者との関係性が深まっていくにつれて（第9章参照），人は，自己について豊かに語ることができるようになる（**表8-1**）。この章では客体としての自己（me）の発達を概観していこう。

（1）自己意識の芽生え

自己の起こり

自己はいつから芽生えるか。マーク・テスト（mark test）は，子どもが自己を認識できるかどうかを確認する方法として多くの研究で用いられてきた。マーク・テストでは，実験者が気づかれないように子どもの鼻に赤色の印をつけ，鏡の前に座らせる。もし子どもが鏡に映っている自分（鏡映的自己）を自分と認識できていれば，自分の鼻を触ったり，こすったりする。逆に認識できていなければそのようなことはせず，鏡にふれようとする。この方法を用いた研究では，2歳ころになると多くの子どもは鏡に映っている自分が自分であることを認識する（Lewis & Brooks-Gunn, 1979）。さらに，2歳ころの子どもは，大人のふるまいを真似しようとして失敗すると不快感を示す（Kagan, 1998）。この不快感は，子どもが自分の行動と大人の行動が同じではないことを認識できているために生じる。このように，自己の認識が成立することは，自己と他者を区別して認識できるようになることを意味する。

第一次反抗期

自己が芽生えるにしたがって，子どもは自分の欲求を主張し，親や大人に反抗するようになる。この2歳児に特有の親に対する反抗期を第一次反抗期，あるいは何でも「イヤ」ということからイヤイヤ期と呼ぶ。逆に，子どもの側に立てば，自分の欲求を積極的に主張する時期ともいえるため，この時期を自己主張期とも呼ぶ。2歳児の反抗や主張は，親や大人にとって理解できないことが多く，人によっては非常にストレスに感じるかもしれない。しかし，子どもは主張できる自己が育っているからこそ他者に対して「反抗できる」のである。そのため，反抗的な態度や自己主張は，子どもの自己のおこりを示す重要な指標といえる。

（2）自己の発達

概念的自己

言語が発達するにしたがって（第5章参照），子どもは自己を語ることができるようになる。2歳ころになると，子どもは喜怒哀楽についての原初的感情（好き，嫌いなど）を中心に自己を語り，3歳ころになると，名前，性別，年齢などの属性語や，自分の経験に基づき，「自分は〜できる」など行動にかんする自己を語るようになる。さらに4歳ごろになると，良い子，悪い子など性格特性語を用いて自己を語ることができるようになる（佐久間他，2000)。こういった自分についての知識や経験に基づいて形成される自己は，概念的自己と呼ばれる（Neisser, 1988)。

拡張的自己

4歳ころになると，子どもは，自分の過去の経験やエピソード記憶（第7章参照）を保持できるようになる。ポヴィネリ他（Povinelli, et al., 1996）は，マーク・テストを応用して，2〜4歳児の子どもが過去の自分と現在の自分とのつながりを理解できるかどうか検討した。彼らは，気づかれないように子どもの頭にシールを貼り，その様子をビデオに撮る。そして，3分後にそのビデオを子どもたちに見せた。もし，映像に映っている子どもが自分であると認識できれば，頭のシールに気づくだろうし，そうでなければ頭のシールを気にしないはずである。その結果，多くの２～３歳児はシールを取ろうとしなかったが，大半の４歳児はシールを取った。この結果は，４歳ころになると，子どもは過去と現在のつながりから自己を認識できることを表している。このような時間的に拡張された自己は拡張的自己と呼ばれる（Neisser, 1988）。

第２節　児童期から青年期にかけての自己の発達課題

小学校に入学する５～６歳ごろになると，子どもの環境は大きく変わる。子どもは，主に，これまで親をはじめとする養育者との関係から自己を形成してきたが，小学校に入学してからは，同年代の子どもや教師と過ごす時間が長くなる。そのため，彼らとの関係は子どもの自己発達に重要な影響をおよぼす。さらに，12歳ころになると，第二次性徴に伴う身体変化と抽象的思考の発達により，自己の内面性や他者から見られている自己についての意識を高めていく。そして，18歳ころになると，就職活動を契機とし，大人から心理的に自立していく過程で，アイデンティティの形成という発達課題に取り組んでいく。

（1）児童期（5歳～11歳ころ）の自己

友だち，教師とのかかわりと自己の否定的側面への気づき

子どもは，６歳ころになるとクラスに所属したり仲の良い友だちグループと一緒に遊ぶことで，これまでとは違った相対的な自己に気づくようになる。たとえば，自転車に乗ることを例に取ると，幼児は，自転車に乗ることができれば満足するものの，小学生になると，他の子どもよりも速いスピードで自転車に乗ることができるかどうか，ということが満足の基準となる（Damon & Hart, 1982）。このように，ただできるだけでは自分の能力が優れているとは判断せず，友だちと比べて優れているかどうか，ということが有能感に大きく影響をおよぼす。さらに，10歳ごろになると具体的操作が可能になり

（第 6 章参照），物事を論理的に考えることができるようになる。そのため，友だちと喧嘩したり，教師から注意を受けることで，必ずしも自分が肯定的に評価されるわけでないことに気づき，自己の否定的な側面に意識を向けるようになる（本章第 3 節参照）。

有能感と劣等感

「自分が有能である」という自己を形成することは，子どもの発達において重要である。子どもは，友だちと比べて速く走れたり，そのことを教師にほめられたりすると，自分は「できる」という有能感を感じる一方で，逆の場合は「できない」という劣等感を感じる。エリクソン（Erikson, 1959: 西平・中島訳，2011）は，この有能感と劣等感の対立を「勤勉性 対 劣等感」と呼び，児童期の発達課題とした（第 2 章参照）。児童は，劣等感に苦しめられながらもそれを乗り越えることで，自分が何かを作り出したり，生み出せる存在であるという自信を持つことができる。逆に，このような自信を持つことができなければ，自分は何も生み出すことができない存在であると感じてしまい，学業などに対する意欲を失ってしまう。

（2）青年期（12歳～25歳ころ）における自己の発達

思春期の身体・認知発達と自己意識の高まり

思春期（12～16歳ころ）になると，子どもの身体，認知機能が大きく変化する。身体的には，性腺刺激ホルモンが亢進することで第二次性徴がおき身長が伸び，発毛，精通が起きる（第 3 章参照）。また，認知機能が発達し，形式的操作が可能になることで（第 6 章参照），他者から見た自分について想像できるようになる。その結果，彼らは自分が友だちと比べて「背が高い／低い」「勉強ができる／できない」「クラスで活発／おとなしい」など自分の見た目，成績・能力や性格にこれまで以上に意識を向けるようになる。フェニグスタイン他（Fenigstein, et al., 1975）は，この自己意識を大きく 2 つに分けた。1 つは，自己の考え方や性格，価値観など内面に向ける意識を表す私的自己意識，もう 1 つは他者から見た自己についての意識を表す公的自己意識であ

表8-2　私的自己意識・公的自己意識の内容

	項目例
私的自己意識	自分がどんな人間か自覚しようと努めている
	その時々の気持ちの動きを自分自身でつかんでいたい
	自分が本当は何をしたいのか考えながら行動する
	ふと，一歩離れた所から自分をながめてみることがある
	自分を反省してみることが多い
公的自己意識	自分が他人にどう思われているのか気になる
	人に会うとき，どんなふうにふるまえば良いのか気になる
	自分の発言を他人がどう受け取ったか気になる
	人に見られていると，ついかっこうをつけてしまう
	自分の容姿を気にする方だ

注：菅原（1984）では，それぞれの項目に対して 1：全くあてはまらない，2：あてはまらない 3：ややあてはまらない，4：どちらともいえない，5：ややあてはまる，6：あてはまる，7：非常にあてはまるの1つを選んで回答し，合計得点が高いほど私的自己意識・公的自己意識が高いと判断される。

（菅原，1984より筆者作成）

る（**表 8 - 2**）。私的自己意識，公的自己意識の高まりとともに，青年は自分の意識や感情が人と異なり（個別性），独自のもの（独自性）であることを自覚していく。この個別性と独自性に基づく自己を私的自己と呼ぶ（Neisser, 1988）。

第二次反抗期

思春期になると，親をはじめとする大人とのかかわり方も変化していく。これまで，大人とは自分よりも身体的・認知的に優れており，有能で理想的な存在だったものの，必ずしもそうではないことを理解するようになる。これを親からの脱理想化と呼ぶ。この過程において，青年は，親や教師などの大人や社会に対して反抗的な態度を取ることがあり，これを第二次反抗期と呼ぶ。第一次反抗期と同様に，反抗は自己の主張ともいえるため，これは，親から心理的に自立していくプロセスの 1 つともいえる。

(3) アイデンティティの発達

アイデンティティ

18歳ころになると，青年は，大人からの心理的自立や職業選択を契機とし，1人の大人として生きていくために，大人としての自分らしさ，すなわちアイデンティティを探求していく。この探求は，自分の過去の経験や現在の自己を鑑み，自分が求める目標，価値観や職業を問い直す過程である。その過程において，青年は，自分の目指す目標や価値観がわからなくなり，将来に対する不安から学業に対する意欲を失ったり，対人的かかわりを避けるなど，社会的に不適応な状態に陥ることがある。エリクソン（Erikson, 1959: 西平・中島訳, 2011）は，この状態をアイデンティティの混乱と呼んだ。エリクソンは，この自己探求に伴う葛藤の解決を発達課題とし（第2章参照），その葛藤を乗り越えることで青年は大人になると考えた。

心理社会的モラトリアムとアイデンティティ地位

アイデンティティの発達過程において，青年は目指すべき自己を探求するために，アルバイトなど様々な社会的役割を試み，自己の可能性を模索する。エリクソンは，青年がアイデンティティを探求することを社会が容認していると考え，この期間を心理社会的モラトリアム（猶予期間）と呼んだ。ただし，アイデンティティを探求する過程は青年によって様々である。マーシア（Marcia, J.E.）は，その過程を4つの段階に分類し，それぞれの状態をアイデンティティ地位と呼んだ（Marcia, 1966）。それらは，アイデンティティを探求し，自分の目指すべき自己を見出し，その達成に向けて積極的にかかわっている「達成」，まさにアイデンティティを探求している渦中にある「モラトリアム」，自分の目指すべきアイデンティティはあるものの，特に探求を経験していない「早期完了」，そして，アイデンティティにかかわる探求や積極的関与をおこなっていない「拡散」に分けられている。ただし，マーシア以降，これらに加えて新たな地位や状態が見出されており（**表8-3**），青年のアイデンティティ探求のあり方は，かつてよりも複雑になっている可能性がある。

表8-3　アイデンティティ地位の種類と特徴

アイデンティティ地位あるいはクラスタ	特徴
達成	自己の価値観を探求し，コミットメントしている状態。
完了	重要な他者の価値規範をもとにコミットメントしている状態。
モラトリアム	探求の渦中にある状態。
探索型モラトリアム	自らの求める価値規範にコミットしながらも新たな価値規範を模索している状態。
拡散型モラトリアム	探求・コミットメントせず，五里霧中の状態。
無問題化モラトリアム	価値規範について探求・コミットメントしていないが特に問題を感じていない状態。
未分化	アイデンティティ地位の移行状態。

（Sugimura, 2020より筆者作成）

親密性対孤立とアイデンティティのための恋愛

職業や価値観の探求だけでなく，異性との間に親密な関係を築くことも，アイデンティティの発達においては重要である。エリクソン（Erikson, 1959: 西平・中島訳，2011）は，異性関係に着目し，青年期に続く成人期の発達課題を「親密性 対 孤独」とした（第 2 章参照）。親密性とは，互いのアイデンティティを脅かすことなく，異性との間に親密な関係を築くことである。逆に，互いにアイデンティティを確立していなければ，親密性はうまく形成されない。大野（2010）は，親密性がうまく形成されていない状態での恋愛関係をアイデンティティのための恋愛と呼び，その特徴を，①相手からの称賛，賛美を欲する，②相手の評価が気になる，③しばらくすると相手に自分が取り込まれるように感じ，④相手の挙動に目が離せなくなる，⑤①～④の結果，交際が長続きしない，とまとめている。そのため，自己と他者は異なった存在であることを受け入れた上で異性との関係を構築しなければ，孤立感が高まってしまう。

第3節　自尊感情（自尊心）と自己肯定感

（1）自尊感情（自尊心）

私たちは，日常的に自己を評価し，自己に対して肯定的／否定的感情を抱く。ある人は，まじめにスポーツに打ち込む自己に肯定的な感情を抱く一方で，勉強に手を抜く自己には否定的な感情を抱くかもしれない。自尊感情（自尊心）（self-esteem）とは，自己に対する全体的な肯定性であり，自分自身を価値あるものと感じることである（**表8-4**）。自尊感情には，自分が「とても良い（very good）」と感じる他者と比べての優越性の側面と，自分なりに「これで良い（good enough）」と感じる自己受容感の側面があるが，自尊感情においては特に後者の側面が重要とされる。

（2）自尊感情の変化

自尊感情は，児童期から青年期にかけて変化していく。6歳ころから8歳ころの子どもは，自己を肯定的にみる傾向にあるため自尊感情が高い。その一方で，具体的操作期に至る10歳ころになると，自己を多面的にみることができるようになることから，自尊感情は低下し始める。その傾向は思春期においても続く。その理由として，思春期には，①第二次性徴に伴う容姿の変

表8-4　自尊感情の内容

項目例
私は，自分に満足している
私は自分には見どころがあると思う
私は，たいていの人がやれる程度には物事ができる
私は自分が，少なくとも他人と同じくらい価値のある人間だと思う
私は自分に対して，前向きの態度をとっている

注：桜井（2000）では，それぞれの項目に対して1：いいえ，2：どちらかといえばいいえ，3：どちらかといえばはい，4：はいの1つを選んで回答し，合計得点が高いほど自尊感情が高いと判断される。

（桜井，2000より筆者作成）

化に対する拒否感や葛藤を経験すること，②抽象的思考が発達することにより，内省する力が発達し，これまで以上に自己の肯定的な側面だけでなく否定的な側面にも気づくことが考えられる（Harter, 1998）。とはいえ，18歳以降の自尊感情は児童期と比べて高い傾向にあるため（小塩他，2014），自尊感情は生涯を通じて低下する，あるいは低い状態が続くわけではない。

（3）自尊感情と社会適応

自尊感情が高いということは，自分の価値や存在を自分で受け入れているという感覚，すなわち自己肯定感が高いことを意味する。人は，学業や友人関係が自分なりにうまくいっていると感じれば自己を肯定的にみるだろうし，逆にうまくいっていなければ，否定的にみる。すなわち，自尊感情の高さ／低さの背景には，人の精神的健康や，社会的に適応している／いない経験がある。実際，自尊感情の高さは学業的な望ましさや抑うつ傾向の低さと関連する。その一方で，バウマイスター他（Baumaister, et al., 2003）は，自尊感情が高い人は，低い人よりも他者に対する攻撃傾向が強いことを報告しており，その高まりが必ずしも社会適応性につながるとはいえない。やみくもに自尊感情を望ましい指標と考えるのではなく，その高さの背後にある行動や心理特性の肯定性／否定性を踏まえた上で，自尊感情の発達的意義を考えていく必要がある（中間，2016）。

第４節　自己理解の発達

これまでみてきたように，自己の発達とは，具体的なものから抽象的なものまで様々な客体としての自己を形成し，また自己を明確にしていく過程である。認識できる自己が増えるということは，これまで意識していなかった自己を知ることであり，自己が明確になるということは，自己についての考えが深まるということである。したがって，自己の発達とは，自己について知り，理解を深めるという自己理解の発達といいかえることができる。

幼児期，児童期においても自己理解は深まるが，特に深まるのは思春期以降である。思春期には，形式的操作に至ることで，自己を客観的・現実的に考えることができるようになる。ただし，思春期の青年は自分の考えは他人も共有していると考えたり（想像上の観客），自分が他の人よりも特別に優れた存在と考えたり（個人的寓話），その認識はいまだ自己中心的である（青年期の自己中心性；Elkind, 1967）。また，この時期には，なりたい自分（理想自己）が明確になる一方で，非常に厳しく現在の自分（現実自己）を評価し，そのギャップに苦しみ，自己に対する否定的な感情が高まる。友だちや親，大人とかかわることで，自己についての極端な認識を改め，また否定的な自己を受け入れ，１人の大人として自己を理解することで，より客観的で大人としての自己を形成していくのである。

■引用文献

Baumeister, R. F., Campbell, J. D., Krueger, J. I., & Vohs, K. D., Does high self-esteem cause better performance, interpersonal success, happiness, or healthier lifestyles?, *Psychological Science in the Public Interest*, 4, 1-44, 2003

Damon, W., & Hart, D., The development of self- understanding from infancy through adolescence, *Child Development*, 53（4）, 841-864, 1982

Elkind, D., Egocentrism in adolescence, *Child Development*, 38（4）, 1025-1034, 1967

Erikson, E. H., Identity and the life cycle, *Psychological issues Vol. 1, No. 1, Monograph 1*. International University Press, 1959（エリクソン，E. H.『アイデンティティとライフサイクル』西平直・中島由恵訳，誠信書房，2011年）

Fenigstein, A., Scheier, M. F., & Buss, A. H., Public and private self-consciousness: Assessment and theory, *Journal of Consulting and Clinical Psychology*, 43（4）, 522-527, 1975

Harter, S., The development of self-representations, In W. Damon., & N. Eisenberg（Eds.）, *Handbook of Child Psychology*, Wiley, 553-617, 1998

James, W., *The principles of Psychology*, Dover, 1890

Kagan, J., Is there a self in infancy?, In M. Ferrari & R. J. Sternberg（Eds.）, *Self-awareness: Its nature and development*, The Guilford Press, 137-147, 1998

Lewis, M., & Brooks-Gunn, J., *Social cognition and the acquisition of self*, Plenum Press, 1979

Marcia, J. E., Development and validation of ego-identity status, *Journal of Personality and Social Psychology*, 3（5）, 551-558, 1966

中間玲子「自尊感情概念の相対化」中間玲子編著『自尊感情の心理学――理解を深める「取扱説明書」』金子書房，192-215，2016年

Neisser, U., Five kinds of self-knowledge, *Philosophical Psychology*, 1, 35-59, 1988

大野久「青年期の恋愛の発達」大野久編著『エピソードでつかむ青年心理学』ミネルヴァ書房，77-105，2010年

小塩真司・岡田涼・茂垣まどか・並川努・脇田貴文「自尊感情平均値に及ぼす年齢と調査年の影響――Rosenbergの自尊感情尺度日本語版のメタ分析」『教育心理学研究』62（4），273-282，2014年

Povinelli, D. J., Landau, K. R., & Perilloux, H. K., Self-recognition in young children using delayed versus live feedback: Evidence of a developmental asynchrony, *Child Development*, 67, 1540-1554, 1996

桜井茂男「ローゼンバーグ自尊感情尺度日本語版の検討」『筑波大学発達臨床心理学研究』12，65-71，2000年

坂上裕子「自分を知り，自分らしさを築く」坂上裕子・山口智子・林創・中間玲子『問いからはじめる発達心理学――生涯にわたる育ちの科学』有斐閣，84-97，2014年

佐久間（保崎）路子・遠藤利彦・無藤隆「幼児期・児童期における自己理解の発達：内容的側面と評価的側面に着目して」『発達心理学研究』11（3），176-187，2000年

菅原健介「自意識尺度（self-consciousness scale）日本語版作成の試み」『心理学研究』55（3），184-188，1984年

Sugimura, K., Adolescent identity development in Japan, *Child Development Perspective*, 14（2），71-77，2020

■課題

1. 表8-2に回答し，自分の私的自己意識・公的自己意識の合計得点を計算した後に，その得点の根拠について考えてみよう。
2. 表8-3を参考にしながら，自分はどのアイデンティティ地位・クラスタにもっとも近いのか考えて説明してみよう。
3. 表8-4の項目に回答し，自分の自尊感情の合計得点を計算した後に，その根拠について考えてみよう。

■参考図書

坂上裕子・山口智子・林創・中間玲子『問いからはじめる発達心理学――生涯にわたる育ちの科学』有斐閣，2014年

白井利明・都筑学・森陽子『やさしい青年心理学』有斐閣，2012年

第９章　他者理解と社会性の発達

私たちは，日々の生活のなかで，他者とかかわり合い，その他者がどんなことを考えたり感じたりしているかを，受けとめ合いながら暮らしている。その他者理解について，心理学では多様な側面から様々な方法で以前から研究がなされてきた。本章では，そのなかの一つである「心の理論」と呼ばれる研究について概観し，その上で，実際のかかわり合いのひとつである仲間関係の発達，さらには，教室のなかでのかかわり合いをどう見ていくかを検討する。

キーワード
共同注意　社会的参照　心の理論　誤信念課題　仲間関係

第１節　乳児期の他者とのかかわりの発達

赤ちゃんの他者とのかかわりはいつから始まるのだろうか。それは生後すぐから始まると，捉えることができる。生後数時間から，新生児模倣と呼ばれる，目の前の大人が舌出しをしたり，口をあけたりつぼめたりすると，新生児が，まだ自分の顔を鏡で見たわけでもないのに，同じような表情をする現象がみられる。また，新生児室で，新生児が他の赤ちゃんの泣き声を聞いたとき，つられるかのように同時に泣きが伝染するような現象もある。このもらい泣きの現象は，以前は自己と他者が混乱してもたらされるとされていた。しかし，実験的な場面で確かめたところ，新生児は自分の泣き声が録音されたものより，他の赤ちゃんの泣き声が録音されたものに対してより泣くことが示されている。このように共鳴的なかたちではあるが，まわりの他者とのかかわり合いは，生まれたすぐから始まると捉えられる。

この赤ちゃんの生まれてすぐからの他者とのかかわり合いが，よりはっきりしてくるのは，生後2ヶ月ごろになる。新生児微笑と呼ばれる，まどろんでいるときなど目をつむっていてもみられる反応としての笑ったような表情は，生後1ヶ月を過ぎるころから次第に減少する。一方，他者とのコミュニケーションのときに笑うようになる。まわりの大人とのやりとりのなかで，社会的微笑が出現するのである。さらに，生後2ヶ月を迎えるころには，機嫌の良いときに，喃語と呼ばれる「くー」「ふぁー」といったやわらかい可愛らしい声を他者に向かって発するようになる。その声を聞いた大人は，この声に誘われ応答するかたちで，やりとりが始まる。また，多くの養育者が，赤ちゃんと目が合う，まなざしがあうと感じられるようになるのもこのころである。新生児期から，かかわりが始まっているとはいえ，この生後2ヶ月を迎える時期に双方向的なコミュニケーションがよりはっきりしてくる。

さらに，9ヶ月を迎えるころには，もう1つ赤ちゃんと他者とのかかわりに大きな変化があると捉えられている。乳児と大人，あるいは乳児とものとの間での二項関係から，乳児と大人とのコミュニケーションの間に，ものが共有される三項関係が成立し始めるのである。たとえば，9ヶ月ごろの赤ちゃんは，大人が見ているものを目で追うようになったり，母親とものを交互に見比べたりする（コラム参照）。さらに，共同注意と呼ばれるように，大人が指さした方向を見ることや，自分の興味のあるものを指さすことで，他者と注意を共有することも可能になる。

このように，いわゆる言葉でのコミュニケーションがまだ成り立っていないように見える新生児・乳児期にも，他者との豊かなかかわり合いの世界を見ることができる。

コラム　社会的参照（social reference）（Sorce, et al. 1985）

赤ちゃんが，自分がどう行動するかを母親の表情で判断できることを確かめた研究がある。この実験は，視覚的断崖という実際には強化ガラスで平らであるのだが，視覚的には崖があって危険であるように見える装置を使っておこなわれた。もともと，この装置は赤ちゃんの奥行き知覚を調べるために作られ，10ヶ月の赤ちゃんは，この装置の上でハイハイをさせると，崖があるように見える手前で止まる。この社会的参照の実験では，赤ちゃんから崖があるように見える向こう側に，魅力的なおもちゃをおく。赤ちゃんからは，崖がある向こう側におもちゃがあるように見えるので，魅力を感じても，崖の手前の場所で止まっている。しかし，崖の向こう側のおもちゃの近くで母親が笑顔で励ますような表情をすると，赤ちゃんは，崖に見えるところに入り，おもちゃと母親の近くまでハイハイをしていく。しかし，母親が怖い表情をすると，崖に見える手前のところから動かない。すなわち，赤ちゃんは母親の表情で，その崖に見えているところが安全か危険かを判断し，自分の行動を決めることができるのである（第 3 章参照）。

第２節　心の理論の発達

人とのかかわりのなかで，子どもたちは自分について知り，他者について知っていく。その一端にアプローチする「心の理論」と呼ばれる一連の研究がある。「心の理論」では，子どもたちが，自分とは異なる他者の心の状態，すなわち，他者がどんなことを考えたり，推測したりしているかを，理解することができるかについて検討している。

（1）誤信念課題

ウィマーとパーナー（Wimmer & Perner, 1983）は，この「心の理論」について調べるために「誤信念課題」を考案した。誤信念課題はたとえば，次のようなものである。

　マクシという男の子が，チョコレートを緑の棚にしまいました。そして，マクシが出かけている間に，マクシのお母さんがケーキをつくるためにそのチョコレートを取り出して使い，緑の棚ではなく青の棚にチョコレートをしまって，買い物に出かけました。そして，そこへ帰ってきたマクシがチョコレートを食べようと思っています。

この物語を聞いた後，「マクシは，チョコレートがどこにあると思っているか」という質問が実験に参加している子どもたちになされる。その結果，3～4歳の子どもたちは，チョコレートが実際にある，本来マクシは知らないはずの移動先である「青の棚にある」と答える。一方，4歳から7歳にかけて，子どもたちは「マクシは緑の棚にチョコレートがあると考えている」というように，出かけていてチョコレートのしまってある場所が変わっていることを知らないはずのマクシの「心の状態」「心の理論」を推測して答えられるようになっていく。

このような誤信念課題とよばれる構造の物語は，3歳児は理解が難しく，

コラム　誤信念課題

誤信念課題には，次のような人形劇で示す「サリーとアンの課題」もある（図9-1）。

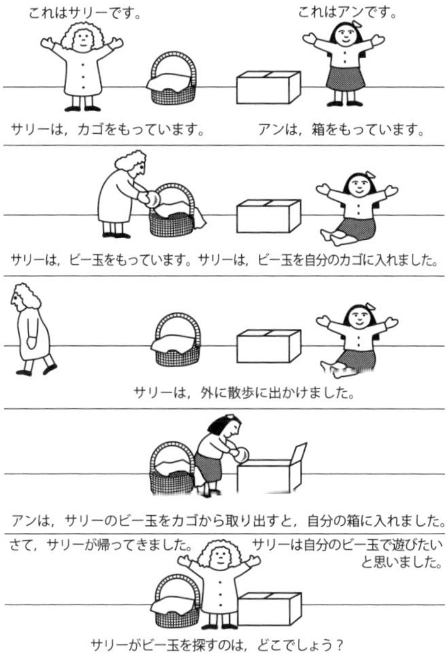

図9-1　サリーとアンの課題
（Frith, 1989：冨田・清水訳，1991）

4 歳児以降ではかなりの子どもたちが理解すること，さらに，自閉症児は 4 歳児と同程度の知的能力を有する場合でも，この課題の理解に困難を抱えていることが示されている。

（2）赤ちゃんの誤信念課題

このような誤信念課題がわかるような幼児期後半にならないと，「他者の心」はわからないのだろうか。オオニシとバイラージョン（Onishi & Baillargeon，2005）は，言葉を用いないかたちで，15ヶ月児であっても他者の考えていることを推測できる可能性を実験で示している。

この実験は，実験者が見ていない間にモノが移動していた後の反応を赤ちゃんの前で演じることによって示された。赤ちゃんの前には，黄色い箱と緑の箱，そしてその間にスイカの模型が置かれている。スクリーンが下がって登場した実験者は，スイカを手にとって緑の箱に入れる。その後，実験者が見ている目の前でスイカが緑の箱から黄色の箱に移動した後に，実験者が黄色の箱に手を伸ばしスイカを取り出す場面を見ても，赤ちゃんは驚かない。ところが，スクリーンがあがっていて実験者が見ていないときに，スイカが緑の箱から黄色の箱に移動し，再びスクリーンがおりて，実験者が緑の箱に手を伸ばす場面を見ても赤ちゃんは驚かないが，黄色の箱に手を伸ばした場面を見たとき，赤ちゃんは驚き長く注目するのである。赤ちゃんは，実験者が見ていない間にスイカが移動し，その移動を知らない行為を実験者がとるときは驚かず，知らないはずなのに移動先を探すという移動を知っているような行為をしたときには驚いたことになる。このように，15ヶ月児であっても，原初的で言語化はできないかもしれないが，暗黙的な「心の理論」を持っていることが想定される。

第 3 節　児童期からの心の理論の発達

ここまでで，赤ちゃんの時期から他者とかかわり合い，幼児期にはその他者の心を「誤信念課題」のように言葉でも理解できるようになってくることをみてきた。では児童期以降，その心の理論は，どのように発達していくのだろうか。

（1）児童期の心の理論

他者の心の状態を考える際に，私たちは「A さんは～と思っている」と推測することをまず思い浮かべるだろう。さらに，日常生活のなかでは，「A さんは『B さんが……と考えている』と思っている」というように，入れ子になった状態を考えることも多い。この「A さんは～と思っている」という心の状態を「一次の心の理論」，複雑な入れ子になった「A さんは『B さんが……と考えている』と思っている」心の状態を「二次の心の理論」と呼ぶ。児童期には，複雑になっていく他者との関係のなかで，この二次の心の理論が発達していく時期と捉えられている。

二次の心の理論はどのように発達していくのだろうか。誤信念課題を発展させた「二次の誤信念課題」がある。林（2002，p.46）は紙芝居の形式で，次のような物語を例示した。

> よう子さんとひろしくんがいます。よう子さんはお人形であそんだ後，それをかごの中にしまって，へやを出ました。よう子さんがいない間に，ひろしくんが，かごからお人形を出して，あそびました。ひろしくんは，お人形であそんだ後，はこにしまいました。それを，よう子さんがまどから見ていましたが，ひろしくんは気づいていません。よう子さんが，もう一度お人形であそぼうと思って，へやにやってきました。

この物語の後，「ひろしくんは，よう子さんがどこをさがすと思っていますか？」と尋ねることで，「ひろしくんは『よう子さんがかごをさがす』と思っている」という二次の心の理論を理解しているかを確認することができる。（また，実際の実験では，「ほんとうは，よう子さんはどこをさがしますか」という物語の現実の状態を把握しているか，「さいしょ，よう子さんはお人形をどこにしまいましたか？」という物語を記憶しているかを確認する質問もなされる）。

紹介した物語は，1番シンプルな形の二次の誤信念課題であり，物語によって多少の差がみられるが，6歳から9歳ころに，このような物語への正答率は上昇し，安定して正答できるようになっていく。

この二次の心の理論が発達することで，道徳的判断や責任性の判断が大人と同じような判断に近づいていくこと，嘘やあざむきが可能になること，悪意のない嘘を理解したり，嘘と冗談を区別したりできるようになること，本当の感情を偽ることができるようになっていくことなどが研究されている。

（2）青年期以降の心の理論

他者の心の状態を推測すること，理解しようとすることは，他者とのかかわり合いのなかで，意識的に，さらには無意識的につねに生じている。たとえば，泣いている子どもを見れば，自然にあの子は悲しいのだろうと考える。「あの子が泣いている」という直接に知覚できる状態から，「あの子は悲しい」という直接は知覚できない心の状態を読み取っている。このような他者の心を読み取ることをマインドリーディングと呼ぶ。マインドリーディングとは，「知覚的にアクセスできる社会的刺激を処理し，直接知覚することが難しい隠された考え，望み，知識や意図に到達することである」と定義されている（古見・子安，2012，p.18）。これまで説明してきた誤信念課題でみられる心の理論も，このマインドリーディングの概念のなかに含まれ，その他，視点取得，意図理解なども含まれている。

このマインドリーディングはどのように調べられているのだろうか。古見・子安（2012）は，成人の参加者を対象にした特殊な視点取得課題を用いて実験をおこなっている。その課題の内容は，店長役が店員役に棚のなかのものを移動するように指示するものである。移動させるものがおさめられている棚は，4×4のブロックで構成されており，店長役にはすべてのものが見えているのに対し，店員役から見ると棚のなかには閉じられているブロックがいくつかあり，一部のモノが見えないようになっている。そのため，店長役と店員役の間に視覚的なずれが生じる。店長役は，異なる対象物を見ている店員役の意図を理解するために，他者の視点についての情報を用いることができるかどうかを調べるものであり，課題解決にマインドリーディングが必要であると想定されるとしている。

古見・子安（2012）はこの形式の課題を用いて，成人（大学生・大学院生）のマインドリーディングにロールプレイがどのような影響を与えるかを調べている。実験では，参加者が店員役，ウサギが店長役でこの課題をおこなうのだが，参加者の半分は，この課題の前に自分が店長役，ウサギが店員役のロールプレイをおこなっていた。すると，ロールプレイをおこなった参加者は，おこなわなかった参加者よりも，誤答率が低く，また，回答にかかる時間も速かった。つまり，相手の視点を経験することが，マインドリーディングを正確に速くおこなうことにつながっていたのである。他者の心を読むことは非常に複雑な営みであり，成人期にも発達し続ける。

心の理論の発達がどのような認知機能によって支えられているのかについては，最近，実行機能に注目が集まっている。実行機能とは，「目標に到達するために行動や思考の計画，調整，コントロールなどを行なう自己制御過程の総称であり，問題解決をする際に目標へ向けて必要のない思考や行動を抑制し，必要な情報を保持し続けるといった働き」である（小川，2016，p.66）。たとえば，誤信念課題において，登場人物の心的状態を推測するためには，課題のストーリーを覚えておくこと，自分の知識はいったん横に置き，登場人物の考えていることに注意を向けることが必要になり，これが実行機能と深くかかわっていることになる。実行機能は，幼児期から青年期にかけて前頭葉の成熟が進むにつれて発達することが示唆されており，今後，さらに心の理論の発達と実行機能とを関連づけた研究が進展するものと考えられる。

第４節　仲間関係の発達

乳幼児期の仲間とのかかわりは，他者理解をはじめ様々な発達と関連しているが，青年期の友人関係は，自己の成長や社会への適応に大きな役割を持つものとして捉えられている。松井（1990）は，青年期の友人関係には，モデル機能，安定化機能，社会的スキルの学習機能の３つの機能があると述べている。自分もそうありたいと思う手本として友人が発達的モデルとなり，人生観や価値観を広げることになることがモデル機能である。また，友人の存在で不安を解消したり，安心したりできることは安定化機能である。さらに，友人関係のなかで，他者と相互作用し，よりうまく他者とかかわる対人的な技術を学習する機会となることが社会的スキルの学習機能となる。

（1）ギャング・グループ

児童期の終わりである10歳くらいになると，子どもたちは同性同士で，グループへの忠誠心や，仲間内での価値観を重要視する結束を強めたギャング・グループを形成するようになる。大人の干渉から逃れ，男女のグループで対立もみられる。それまでのかかわりのなかでは，親や教師に認められることが，自己承認の源であったが，その対象が仲間になる。

子どもは，自分の所属する仲間集団に認められたい思いのなかで，様々な仲間と対等な議論をおこない，対立することも経験し，協調性や思いやり，責任感といった社会的スキルを学習し，自分の欲求をコントロールすることができるようになるといわれる。

しかし，現代社会においては，このギャング・グループは衰退してきているといわれている。その背景として，遊び場の現象，少子化の進行により集団のサイズが小さくなり，集団を経験しにくい子どもが増えたこと，一人遊びやゲームなどの静的遊びが中心になったこと，保護者の過保護・過干渉や，近所づきあいを好まないなどの対人関係の変化，などが考えられている（岡田, 2014）。

（2）チャム・グループ

小学校高学年から中学生になると，同性で共通の興味や関心を持つもの同士の集団が作られ，それはチャム・グループと呼ばれる。チャム・グループでは，類似性，同質性が集団を作る基盤となっており，相手との関係が自分にとって大きな意味を持ち大切なものとなる関係になる。

サリヴァン（Sullivan, 1953：中井・山口訳, 1976）が，思春期の子どもは，自分と似ている相手に安心感を抱き，自分のことを受け入れてくれる満足感を得て，その関係のなかで，自分の内面を表現するようになることを述べているように，そのような関係を築くことは，この時期，大きな意味を持っている。

ただし，現代社会において，チャム・グループは，肥大化，長期化の傾向があるといわれる。スマートフォン，そしてソーシャル・ネットワーキング・サービスの利用により，同質性を求める傾向は強まる傾向にも見える。藤川（2008）は，ケータイを使う子どもたちが非常に頻繁にメールを送り合い，メールがきたらすぐに（数分，ときには 1 分以内に）返信する関係を指摘し，そうすることでつながっている感覚を持っていることを推測している。そして，このようなケータイでのメールの頻繁なやりとりは，互いを同調させ，「特に用件のないメールのやりとりのなかで，自分と相手との間で，価値観に違いがないことを確認しつづけている」（藤川，2008，p.98）と捉えている。同質の安心できる関係は，また，同質を確認せずにはいられず，少しでも同質からはずれるとそこから排除する関係も生み出しやすいことは，注意すべき点である。

（3）ピア・グループ

高校生になると，お互いの価値観，理想を知り，理解し合う関係のピア・グループが作られてくる。ピア・グループと，ギャング・グループ，チャム・グループとの大きな違いは，相手の異質性を排除しようとするのではなく，受け入れ，尊重し合うことを試みるようになることである。ピア・グループには異性も含まれ，グループの年齢の幅も広がる。

青年期の友人関係において，このような異質性を尊重し合う関係を築くことは，その後の社会生活にも非常に重要である。現代の偏見，差別などの研究ともあわせて，相手の異質性を尊重し，活かし合う関係の形成は，今後の研究課題ともいえる。

第５節　社会性と学校生活といじめ問題

（1）ピア・プレッシャー

前節でみたように，児童期以降，仲間との関係は大きな意味を持っている。たとえば，小学校高学年にもなると，友だちのいたずらを子どもっぽいと思っても「大人の味方なのか」と言われそうで止めることができなかったり，クラブの練習をさぼってゲームセンターに行こうと誘われて，「お前は先生の言うことを聞く良い子だよな」などと言われるのが嫌で，本当は練習をしたくても一緒にさぼってしまったりすることがある。

いたずらや練習をさぼることを友だちに誘われたとき，なぜ，断れないのだろうか？　いたずらやさぼることが悪いことであることは，小学校６年生にもなればわかっているはずである。（もし，それがわからない場合は，そこからの支援が必要になるかもしれないが，）ここで重要なのは，悪いこととわかっていても，友だちと同じである行動を選択することが当然である気持ちになっていることである。

このように集団には，共通する価値観や行動としての規範があり，その規範に従うような圧力が生まれる。仲間としての類似性を保つために，同じであることへの圧力，ピア・プレッシャーがかかるのである。社会心理学の古典的な研究では，初対面の集団であっても，集団のなかで，他の人と異なる答えを言うことは避けられ，明らかに間違っていても，他の人と同じ答えを言う傾向があることが知られている。仲良しグループという縛り，現代的なスクール・カーストのような関係が学級集団内にあれば，なおさらである。

ピア・プレッシャーは，仲間とのつながりを求める強さゆえに，いたずら，さぼるなどのいわゆる反社会的行為を，当然の行為としてしまうことがある。いじめもまた，このピア・プレッシャーも含む集団の関係が影響している。児童期から青年期にかけての学校生活においては，このような集団から生じる力学も含めて，仲間関係をみていくことが重要である。

（2）関係性の問題としてのいじめ

「関係性」という言葉を聞くと，個人の能力，もしくは，その能力に影響を与えるものとして捉えがちである。たとえば，「心のよりどころとなれない親との関係からいじめをしている」「いじめの経験から仲間を信じられなくなっている」など，いじめにかかわる子どもに対して考えがちではないだろうか。

しかし，いじめは，「被害者」「加害者」といった個人の問題，さらには被害者と加害者のあいだだけの問題ではない。森田・清永（1994）の「いじめの４層構造」で述べられているように，いじめはその様子をみて喜んでいる「聴衆」や，みてみぬふりをする「傍観者」といった，様々な集団のメンバーが複雑に絡み合う現象である。いじめは，加害者１人だけでおこなって成り立っているわけではなく，「聴衆」や「傍観者」といった，集団のメンバーの全員の関係性のなかで，「いじめ」そのものがあらわれ，継続しているのである。

その場合，大人が加害者，もしくは被害者の変化だけに焦点をあてても いじめの解消は難しい。いじめを，加害者，被害者，聴衆，傍観者，そして，もちろん，そのクラスの教員，さらには，学校制度，社会といった関係性が統合されたものとして読み解き，その状況の性質そのものを検討していくことが求められるだろう。

■引用文献

Frith, U., *Autism: explaining the enigma*, Basil Blackwell Ltd. 1989（フリス，U.『自閉症の謎を解き明かす』冨田真紀・清水康夫訳，東京書籍，1991年）

古見文一・子安増生「ロールプレイ体験がマインドリーディングの活性化に及ぼす効果」『心理学研究』83(1)，18-26，2012年

藤川大祐『ケータイ世界の子どもたち』講談社，2008年

林創「児童期における再帰的な心的状態の理解」『教育心理学研究』50(1)，43-53，2002年

松井豊「友人関係の機能」斎藤耕二・菊池章夫編著『社会化の心理学ハンドブック――人間形成と社会と文化』川島書店，283-296，1990年

森田洋司・清永賢二『いじめ――教室の病い』金子書房，1994年
小川絢子「実行機能と心の理論」子安増生・郷式徹『心の理論――第２世代の研究へ』新曜社，65-78，2016年
岡田努「友人関係」日本青年心理学会企画『新・青年心理学ハンドブック』福村出版，315-325，2014年
Onishi, K. H., & Baillargeon, R., Do 15-month-old infants understand false beliefs? *Science*, 308（5719）, 255-258, 2005
Sorce, J. F., Emde, R. N., Campos, J. J., & Klinnert, M. D., Maternal emotional signaling：Its effect on the visual cliff behavior of 1-year-olds. *Developmental Psychology*, 21（1）, 195-200, 1985
Sullivan, H. S., *Conception of modern psychiatry*, Norton, 1953（サリヴァン，H.S.『現代精神医学の概念』中井久夫・山口隆訳，みすず書房，1976年）
Wimmer, H., & Perner, J., Beliefs about beliefs：Representation and constraining function of wrong beliefs in young children's understanding of deception, *Cognition*, 13（1）, 103-128, 1983

■課題

1. 自分と子どもとのかかわり合いのエピソードを記述し，お互いにどのように相手の「心」をよみとっていたと捉えられるかを検討してみよう。
2. 自分の仲間関係，友人関係の発達プロセスについて，ギャング・グループ，チャム・グループ，ピア・グループの言葉を用いて説明を試みてみよう。
3. いじめをめぐる学級に対する教師のあり方について，心の理解，仲間集団，関係性の捉え方から検討してみよう。

■参考図書

子安増生編著『「心の理論」から学ぶ発達の基礎――教育・保育・自閉症理解への道』ミネルヴァ書房，2016年
内藤朝雄『いじめの構造――なぜ人が怪物になるのか』講談社，2009年

第10章　道徳性と向社会性の発達

本章では，道徳性と向社会性の発達について学ぶ。道徳性や向社会性は，心理学の分野でどのように捉えられるのだろうか。そして，どのように発達していくのだろうか。幼稚園・保育園での遊び，学校でのいじめの問題など，具体的な子どもたちの日常のなかで，道徳性や向社会性の発達について検討してみよう。

キーワード
道徳性の認知的判断　援助　コールバーグ　いじめ

第1節　道徳性・向社会性とは何か

道徳とは，何だろうか。「道徳的な人とはどんな人か」を想像してみると，その姿は非常に多様であり，道徳という言葉に含まれている意味も多様であることに気づくだろう。もう少し具体的に考えようとすると，小学校・中学校での「道徳」の授業で考えたことが思い浮かぶかもしれない。たとえば，善悪の判断，ルールの遵守，公正性，思いやり，援助などが，道徳という言葉と関連するものとして浮かんでくるだろう。

善悪の判断ひとつを例にとっても，「何が良いことで，何が悪いことか」という「認知」的な理解の問題，「良いと思ったことをおこなう」という「行動」の問題，さらには，たとえば「悪いことをしたときの罪悪感」などの「感情」の問題が含まれている。

このように道徳とは何か，ということには非常に様々なことが絡みあっている。ここでは，心理学における道徳の定義として，「人々が善悪をわきまえて正しい行為をなすために守り，従わねばならない規範の総体」としておく（長谷川，2018，p.i)。

（1）ピアジェの捉えた道徳性の認知の発達

道徳の発達を捉えようとすると，認知・行動・感情と様々な側面からアプローチすることになる。なかでも，「認知」の側面からアプローチすることは，発達という側面からは重要になる。道徳性に，認知の側面からアプローチした初期の研究として，ピアジェ（Piaget, 1932：大伴訳，1957，p.146）があげられる。

ピアジェは，子どもたちが善悪の判断をその行為の動機も含めて理解するかどうかを確かめるために，対になったストーリーを示した。

コラム　ピアジェの善悪の判断を調べるストーリーの例

A：ジャンという小さい男の子が部屋のなかにいました。食事に呼ばれたので，食堂へはいって行きます。ところが扉の後ろに椅子がありまして，その椅子の上に盆があって，盆にはコップが15個載せてありました。ジャンはその扉の後ろにそんなものがあったとは知らないで，扉をあけましたので，コップは15個ともみんなこわれてしまいました。

B：アンリという小さな男の子がいました。ある日，お母さんの留守に戸棚のなかのジャムを食べようとしました。そこで椅子の上に上って腕をのばしましたが，ジャムは高すぎて手が届きません。無理に取ろうとしたとき，そばの１つのコップに触ったので，そのコップは落ちて割れました。

コラムのストーリーを読んだ際，ジャンとアンリ，どちらの子どもの方が悪いと考えただろうか。それはなぜだろうか。ピアジェは，このようなストーリーを子ども１人ひとりに聞かせ，ストーリーの内容を理解しているか確認した上で，どちらの子どもの罪が重いと考えるかを尋ねることによって，子どもの道徳的判断の仕方を調べた。その結果，６歳以前の子どもは，15個もコップを割ったジャンの方が悪いので，より叱られるだろうと行動の結果をもとに考える場合が多かった。そして，成長するにつれて，大人に内緒でジャムを取ろうとしたアンリの方が悪い，わざとしたのではないジャンは悪くない，といった行動の意図に基づいた判断をするようになっていった。

このコラムのような「過失」と，困っている他者のために盗んでしまう場合と自分が欲しいから盗んでしまう場合といった「盗み」にかんするストーリーに対する子どもたちの回答を分析していくと，幼児は，大人への尊敬に基づき，大人が言うことが正しいという「他律的道徳性」を持つと捉えられた。大人はつねに正しく，大人が決めた通りにすることが正しいことであると考えるのである。

発達とともに，子どもは，子ども同士の対等な関係性の経験から，ルールは決められたものではなく，お互いの合意のもとで作られ，同意があれば変えられること，他者との協同，相互の尊敬に反することが悪いことだと考えるようになっていく。そして，意図を視野に入れて判断し，動機について考える「自律的道徳性」を持つようになると捉えられた。ピアジェは，子どもたちの道徳性の発達を，他律から自律へというプロセスで捉えたのである。

（2）向社会性の発達

道徳と深く関連して「行動」にあらわれるものに，向社会的行動がある。アイゼンバーグとマッセン（Eisenberg & Mussen, 1989: 菊地・二宮訳，1991，p.6）によると，向社会的行動は，「他人あるいは他の人々の集団を助けようとしたり，こうした人々のためになることをしようとする自発的な行為」と定義されている。向社会的行動は，他者に対してしようとしたことの結果で定義されており，強要されてなされるものではなく，自発的になされるものである。

向社会的行動は，たとえば，物を分け合ったり，他の人たちを助けたりするといったかたちで，１～２歳からみられる。12ヶ月から18ヶ月の子は，他の子の情動的苦痛や身体的苦痛に，自らもイライラしたり，相手を励ますように注目したりする。18ヶ月になると，子どもは苦痛を経験している他者をなぐさめようとすることが多くなり，24ヶ月では相手に物を持ってきてあげたり，言葉で同情を示したりする姿がみられる。

このような向社会的行動は幼児期から児童期と年齢が上がるにつれて，直接は知らない人に寄付するような援助行動は増加していくことが示されているが，援助やなぐさめ，協力，世話など多岐にわたる向社会的行動は，加齢によってはっきりと変わるとは言い切れない様々な結果が示されている。さらに，向社会的行動には，相手の情動を理解することや，共感することも含まれており，その発達プロセスとも絡み合って複雑な様相をみせている。

はっきりとした発達的な変化が示されているのは，向社会的行動の動機のありようである。宗方と二宮（1985，pp.158-159）は，向社会的な道徳の判断について，保育園児から高校生を対象に調べている。

コラム　向社会的行動の動機を調べるストーリーの例

例 1：ある日，次郎君が学校のうらを通りかかったら，強そうな男の子が 3 人で，１人の男の子をとり囲んで，いじめていました。その子は，次郎君を見ると「たすけて！」と頼みました。でも，いじめっ子たちは，大きくて強そうなので，自分も一緒にいじめられるかもしれません。

例 2：ある村で，人々が夏のあいだいっしょうけんめい働いたのに，秋には村の人々がやっと食べられるだけのお米しかとれませんでした。そのころ，となりの町で，川の水がいっぱいになって汚い水があふれ出し，食べ物がくさってしまいました。となりの町の人々は村の人々に「食べ物を少しでもいいからわけて下さい」と頼みました。村の人々はとなりの町の人々に食べ物をわけてあげると，自分たちも飢えてしまうかもしれません。その上，となりの町は村からかなり遠いところにあって，道路も悪いので，食べ物も簡単には運べません。

コラムのような向社会的行動の動機にかかわる年齢に合わせたストーリーを聞いた後，内容を理解しているか確認した上で，「どうしたら良いのか」，「どうしてそう考えたのか」を尋ねた。その結果，自分にとって良いことがあるか否かといった快楽主義的・自己焦点的な志向から，けがをしているからといった他者の要求に目を向けた志向，先生がほめてくれるから，助けることは良いことだからといった承認に目を向けた志向や紋切り型の志向，さらには，自分が相手の立場だったら助けてほしいからといった共感的な志向を経て，助ける義務や困っている人の権利など内面化された価値や規範に基づく志向へと発達していくことが示された。発達につれて役割取得や共感の能力が高まり，自分に向けられた結果を考慮するだけでなく，他者の視点に立って向社会的行動をおこなおうとすることが捉えられた。

第２節　保育園・幼稚園の時期の道徳性の発達

（1）赤ちゃんの道徳性・向社会性

進化心理学では，ヒトの心や行動も，もっとも環境に適した形質を持つ個体が生存の機会を得るという最適者生存の原理によって進化するものと考えられ，その成り立ちを進化の視点から解明する。自分の利益を犠牲にしても相手のためになる利他的な思いやりの行動は，一見，最適者生存的ではありえないように思われる。しかし，他者とともに暮らすことがヒトには欠かせないと考えたとき，協調的な社会集団のなかで過ごすためには，利他的な行動が存在する集団の方が，より多くの集団的な利益を上げる傾向が高くなり，生き残ると考えられる。現在の社会的存在としてのヒトには，道徳性，向社会性が，生得的な要素として備えられていると捉えられるのである。

たとえば，6ヶ月の赤ちゃんにも，道徳性・向社会性の芽生えを見ることができる。ハムリン他（Hamlin, et al., 2007）は，赤ちゃんに幾何学図形のアニメーションを見せる実験をおこなっている。この実験で，赤ちゃんは「助ける」場面と「邪魔する」場面の2つのアニメーションを見る。「助ける」場面は，目がついた赤く丸い図形が坂を登ろうと試みているところに，黄色い三角の図形が坂の下から押し上げて手伝ってくれるものである。もうひとつの「邪魔する」場面は，同じく目がついた赤く丸い図形が坂を登ろうと試みているところに，坂の上から青い四角の図形があらわれて押し下げ邪魔され，登れなくなってしまうものである。この2つの場面を見た後，赤ちゃんに（先ほどのアニメーションで手伝っていた）黄色い三角の実物と（同じくアニメーションで邪魔をしていた）青い四角を並べて選ばせると，援助をしていた黄色い三角を「こっち」と訴えるように叩いてみせた。つまり，援助をするという，良いおこないをした方を赤ちゃんは選択する傾向があったのである。生得的とまではいえないまでも，まだ意地悪を自分では経験していないと思われるような幼いときから，援助することが良いこと，正義感といった，道徳性の芽生えをみることができる。

(2) 幼児期の道徳性・向社会性

赤ちゃんから道徳性の芽生えがみられる一方で，先ほど紹介したピアジェの道徳の判断の課題で，幼児が動機や意図に注目せず，うまく判断できないことには，ずれが感じられる。ひとつには，第9章でみたように「ことば」による相手の意図の理解が必要であると捉えられるが，日常で子どもたちが道徳にかかわることを，どのように経験していくかを，幼児期の「ずる」にかんしての研究からみてみよう。

湯浅（2015）は，ある男児が4歳児から5歳児の間に参加していたゲーム遊びのなかで生起した「ずる」の場面に注目し，丁寧な分析をおこなっている。エピソードを簡単に紹介しながら，その変化の様子をみてみよう。

Ⅰ期（4歳児4月～7月）は，役割決めで自分の欲求を通すための強引な行動がみられた。たとえば，「俺鬼やりたい」と皆が言っているなか，「じゃあ，まず俺が鬼やるから，皆は逃げる人ね」と言って数を数え始めて鬼ごっこを始めるといったように理由なく役割を強引に決定したり，「さっき僕勝ったから，鬼は僕ね」というように，理由を述べるとはいえ自己中心的な理由で役割を強引に決定したりしていた。Ⅱ期（4歳児7月～5歳児4月）には，やりたくない役割を特定の他者に決定したり，ルールに沿った決め方をするものの自分が望まない役になると決め直しを求めていた。Ⅲ期（5歳児5月）にも，役の決め直しを求めることは続いていたが，役割決めにかんする内容だけではなく，遊びの展開中におこなわれる「ずる」がみられるように変容していった。さらにⅣ期（5歳児6月）には，役割決定にかんするものは見られなくなり，遊び内容そのものにかんする「ずる」が中心にみられるようになっていった。

湯浅は，この男児にみられた「ずる」のありようの変化が，友だちとのかかわりからもたらされてくる様子を述べている。最初の時期には，男児が望んだ状況にするための同じような「ずる」が一定期間繰り返され，周囲の幼児が「ずる」に疑問を抱くようになる。やがて，疑問や不満を抱いた周囲の幼児が男児の「ずる」に対して，表情や言葉で指摘する。そして，友だちの指摘を受けることで，男児が自分の行動の意味や結果について考える機会を得る。そのことで突然には変化しないが，男児自身が内面的葛藤を解決する方法を見出しながら徐々に変容していく，と描かれている。

また，最初，周りの幼児は，「ずる」に対して明確に指摘することはほとんどなかったが，「ずる」が繰り返されることで，疑問や不平等感を抱き，次第に指摘するようになった。とはいえ，遊びのなかで「ずる」をおこなう男児を排他的に仲間はずれにすることはなかったと報告されている。この「ずる」をしている男児が，「ずる」について理解できるように発達していくだけではなく，周りの幼児のかかわりやその発達もこのプロセスとかかわっている。

幼児の日常の遊びのなかでは，ともに楽しむ友だちとのかかわりから自らの行動の善悪について考える機会が生じている。道徳性や向社会性は，規則として「覚えねばならない」ものとして身についていくのではなく，このように日常の遊びのなかのやりとりで，どうしてもやりたかったり，悔しかったりする感情を味わい，何だかおかしいなと気づき，そのことを表現するようになっていくなかで，相手の意図や気持ちにも気づき，次第にこのようにした方が良いという規範をともに見出していくプロセスとして捉えられる。

第３節　小学校時期以降の道徳性の発達

コールバーグの関心は子どもたちがたどり着いた結論ではなく，どのようにして判断したのかという過程にあった。分類の結果，子どもたちの回答は３つの水準と６つのステージにまとめられた（**表10 - 1**）。

山岸（1976）が日本の児童期から青年期（小５，中２，高２，大学生・大学院生）を対象におこなった調査では，ステージ５までの人数を比較した（ステ

コラム　コールバーグの道徳的葛藤場面のストーリー

ピアジェによる道徳性の認知の理論を発展させる形でコールバーグ（Kohlberg, 1963）は青少年の道徳的な葛藤場面における判断を分析した。彼は以下のコラムのようなストーリー（山岸，1976）を用い，行動の是非とその判断理由について調査をおこなった。

A さんの奥さんが，ガンで死にかかっています。お医者さんは「ある薬を飲めば助かるかもしれないが，それ以外に助かる方法はない。」と言いました。その薬は，最近ある薬屋さんが発見したもので，10万円かけて作って，100万円で売っています。

A さんはできる限りお金を借りてまわったのですが，50万円しか集まりませんでした。A さんは，薬屋さんにわけを話し，薬を安く売るか，又は，不足分は後で払うから50万円で売ってくれるように頼みました。でも薬屋さんは，「私がその薬を発見しました。私はそれを売ってお金をもうけようと思っているのです」と言って，頼みをききませんでした。

A さんはとても困って，その夜，奥さんを助けるために，薬屋さんの倉庫に泥棒にはいり，薬を盗みました。

ージ 5 と 6 との区別が曖昧としてステージ 6 に思われるものも 5 に分類した)。その結果，**図10 - 1**のような回答の分布をみせた。

小 5 ではステージ 3 の反応が圧倒的に多く，中高生になってもステージ 3 は一定の割合を保っていた。また，中学生になると，積極的にステージ 2 の回答をする傾向がみられる。一方，高校生になるとステージ 4 の割合が増え，ステージ 5 の傾向を持つ者が現れる。そして大学生になるとステージ 5 の者がさらに増えていることがわかる。

中学生はよい子への反発であるのか，社会的地域的要因によるのか（山岸，1976）ステージ 2 の志向がみられるものの，全体的には年齢とともにステージが高くなっていくという傾向はアメリカでおこなわれた報告（たとえば Kohlberg, 1963）と同様である。ただし山岸（1976）では，日本では児童期でもステージ 1 やステージ 2 よりステージ 3 の志向が多い，高校生でもステージ

表10-1　コールバーグによる道徳性の発達段階

前慣習的水準（道徳的価値は人や規範にあるのではなく，外的・物理的な結果や力にある）		
ステージ1	罰と服従への志向（罰や制裁を回避し権威に従うことが正しい）	警察に捕まるから盗んではいけない。
ステージ2	道具的功利的相対的志向（自分，時に他者の欲求を満たすことが正しい）	つかまってもそうひどい刑ではないし，妻に死なれるよりよいから盗んだほうがよい。
慣習的水準（道徳的価値は良い・正しい役割を遂行すること，慣習的な秩序や他者からの期待を維持することにある）		
ステージ3	対人的一致，よい子への志向（身近な他者からの期待に沿い，よい対人関係を保つことが正しい）	盗まずに愛する妻を死なせてしまうほうが非人間的だ。
ステージ4	社会システム・秩序への志向（全体としての社会システムを維持することが正しい）	盗みが許されてしまうと，秩序が乱れてしまうから，盗むべきではない。
原則的水準（現実の社会や規範を超えて，妥当性と普遍性をもつ原則に志向し，自己の原則を維持することに道徳的価値をおく）		
ステージ5	社会契約的遵法的志向（社会全体によって吟味され一致した基準に従うことが正しい）	生命の権利は人間にとって基本的，普遍的なもので，所有権を凌ぐから盗むべき。
ステージ6	普遍的倫理的原則への志向（普遍的倫理的原則に従うことが正しい）	

（山岸，2009，p.114）

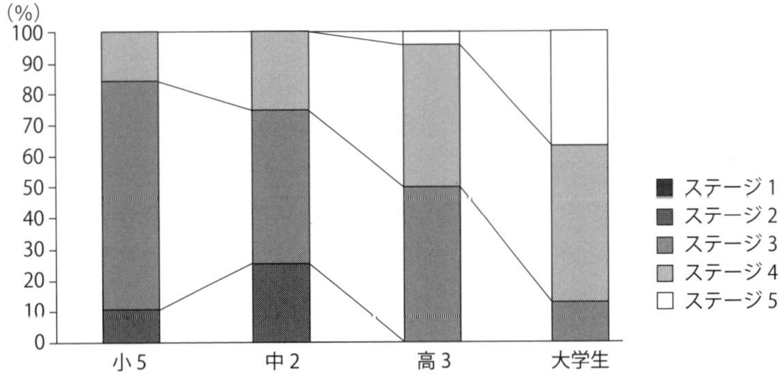

図10-1　年齢毎の発達段階の分布

（山岸，1976より筆者作成）

3や4が多い，全体的にステージ3が非常に多いなどといった特徴についても言及されている。つまり，日本では比較的早い時期にステージ3に移行する一方で，そこに長くとどまる傾向があり，「恥の文化」「タテ社会」「義理と人情の文化」などといった日本の文化の特徴とされるものとの関連が指摘されているのである。コールバーグの考え方によると，道徳判断の発達には他者とのつながりのなかで獲得される知的発達や役割取得が必要であるとされている。このことは日本の子どもたちがより「日本らしい」判断基準を持ちやすいこととつながってくるだろう。

第４節　学校現場における道徳的判断といじめ問題

文部科学省は毎年「児童生徒の問題行動・不登校等生徒指導上の諸課題に関する調査」において小学校，中学校，高等学校，特別支援学校におけるいじめの実態調査をおこなっている。例年秋ごろにこの結果が報道されるが「いじめの認知件数がこれまでで最多」などといった報道を目にしたことがあるかもしれない。認知される件数が多くなるということは，いじめの存在を周囲から把握されているということであるため，必ずしも状況が悪化しているというわけではない。だが，様々な対策をとっているにもかかわらず，いじめが減っていく方向には向かっていないということもまた事実であろう。また，これまでにも述べてきたように，道徳性は年齢とともに発達してきており，善悪の判断の力も身についてきていると考えられるにもかかわらず，年齢が高くなってもいじめがおこるということは，いじめがおこる背景には様々な要因が絡み合っているからだと考えられる。

私たちが行動の善悪だけを切り取って判断した場合と，実際にそれを取り巻く状況も含めて判断した場合とでは判断の結果が異なってくるとされている。たとえば攻撃行動は道徳的に悪いと判断されるが，仕返しや報復を目的とした攻撃は許容されやすい（Astor, 1994)。このように同じ行動であってもそれがおこった文脈により判断が異なってくる。そのため状況によっては理由をつけてその行為を正当化することがある。

また，いじめは被害者と加害者のみで成り立つものではなく，それを見て面白がっている観衆や，見ぬふりをしている傍観者の存在も含めた集団のなかの関係性によっておこっていると考えられる（森田・清永，1994)。観衆や傍観者は直接手を下しているのではなくても，集団の雰囲気としていじめに加担している可能性がある。逆にいじめに対して反対したり，仲裁したりすることにより，集団のなかの関係性は大きく変わり，いじめの収束につながることもあるのである。

このようなことから，いじめについて考えるときには属している集団の影響についても考える必要があるだろう。まず，子どもたちの属する学級について考えてみよう。子どもたちによる教師の指導態度への捉え方は学級の雰囲気や規範意識の形成，いじめの抑止などにも影響するとされている（三島・宇野，2004）。子どもたちが道徳性を獲得していくプロセスにおいても，周囲の大人たちの振る舞いというのは大きな影響を持つと考えられ，他者に対する寛容な態度や望ましくない行為に対する毅然とした態度が子どもたちの振る舞いにも影響していくといえるだろう。教師自身が加害者になることはもっての外であるが，なかには教師が観衆や傍観者になっていることもあり，結果的に加担していることに気づく必要がある。

また，子どもたちは年齢が上がってくるにしたがって，親や教師に言われることより，横のつながりを重視するようになる。親や教師から教えられる「正しいこと」が理解できていないというわけではなく，それよりも優先するものがある場合がある，ということである。特に，思春期に差し掛かるころになると，周囲から「同じであること」を求められる同調圧力が加わりやすくなり，異なるものを排除しようとしやすくなる。また，集団のなかで異議を唱えることによって自分が仲間はずれにされる可能性も高まると考えやすい。中学生にとって友人関係の親密さや信頼を損なうことは大きな脅威になるということが示されており（Goldstein & Tisak, 2010），このような集団のなかでは，個々の善悪の判断より，集団のなかの立ち位置が優先されるということが考えられるだろう。なお，いじめの加害者は，優れたソーシャルスキルを持っており，仲間集団のなかで人気があるとされることもある（Smith, 2014：森田・山下監修，2016）。その分，周囲に対して負の方向でも影響をおよぼしやすいと考えることもできる。このように，加害者に対して善悪を教えるというだけでなく，友人グループや学級などといった集団の問題としていじめを捉えていくことが必要だろう。

■引用文献

Astor, R. A., Children's moral reasoning about family and peer violence: The role of provocation and retribution, *Child Development*, 65（4）, 1054-1067, 1994

Eisenberg, N., & Mussen, P.H., The root of prosocial behavior in children, Cambridge University Press, 1989（アイゼンバーグ，N.・マッセン，P.『思いやり行動の発達心理』菊池章夫・二宮克美訳，金子書房，1991年）

Goldstein, S. E.,& Tisak, M. S., Adolescents' Social reasoning about relational aggression, *Journal of Child and Family Studies*, 19, 471-482, 2010

Hamlin, J. K., Wynn, K., & Bloom, P., Social evaluation by preverbal infants, *Nature*, 450（7169）, 557-559, 2007

長谷川真里『子どもは善悪をどのように理解するのか？——道徳性発達の探究』ちとせプレス，2018年

Kohlberg, L., The Development of Children's Orientations toward a Moral Order I: Sequence in the Development of Moral Thought, *Vita Humana*. 6（1-2），11-33, 1963

三島美砂・宇野宏幸「学級雰囲気に及ぼす教師の影響力」『教育心理学研究』52(4), 414-425, 2004年

森田洋司・清永賢二『いじめ——教室の病い（新訂版）』金子書房，1994年

宗方比佐子・二宮克美「プロソーシャルな道徳的判断の発達」『教育心理学研究』33（2）, 157-164, 1985年

Piaget, J., *Le jugement moral chez l'enfant*, lastitut J.J. Rousseau, 1932（ピアジェ，J.『ピアジェ臨床児童心理学 Ⅲ 児童道徳判断の発達』大伴茂訳，同文書院，1957年）

Smith, P. K., *Understanding school bullying*, Sage publication Ltg, 2014（スミス，P. K.『学校におけるいじめ——国際的に見たその特徴と取組への戦略』森田洋司・山下一夫監修，葛西真記子・金綱知征監訳，学事出版，2016年）

山岸明子「道徳判断の発達」『教育心理学研究』24（2），97-106, 1976年

山岸明子『発達をうながす教育心理学——大人はどうかかわったらいいのか』新曜社，2009年

湯浅阿貴子「幼児のゲーム遊びに生じる『ずる』の実態と仲間との相互交渉による意識の変容——縦断的観察からのエピソード分析から」『保育学研究』53（3），248-260, 2015年

■課題

1. あなた自身は，道徳とはどのようなものだと考えていますか。その道徳観は，どのように育まれてきたものか，できるだけ小さいときの記憶しているエピソードで説明できるか考えてみましょう。

2. 湯浅の研究で紹介した「ずる」のようなエピソードがみられたとき，あなたは幼児の育ちに合わせてどのように対応しようと思いますか。
3. コールバーグの研究で用いられたエピソードにおける A さんの行動の是非に対し，あなたはどのように考えるでしょうか。なぜそのように考えるのかという理由とともに説明してみましょう。また，あなたが小学生のときや中学生，高校生のときであれば同じ問いに対してどのような回答をしたのかについても同様に考えてみましょう。

■参考図書

中井久夫『いじめのある世界に生きる君たちへ――いじめられっ子だった精神科医の贈る言葉』中央公論新社，2016年

第11章　生涯発達としての考え方

人間は一生涯発達し続けるという生涯発達の考え方が，現在では一般的である。しかし，このような発達観が出てきたのは比較的最近になってからだ。本章では，まず生涯発達心理学による発達の捉え方と生涯発達を規定する要因を取り上げる。また，生涯発達には，個人の発達だけでなく，社会や家族，職場環境など様々な要因が影響をおよぼす。これらの影響についても取り上げる。最後に，生涯発達の終盤にあたる高齢期の発達について概観する。人生の後半の発達的特徴について知ることにより，今後の人生の展望について考えてほしい。

キーワード
生涯発達　生態学的システム理論　関係発達論　キャリア発達　ソーシャルコンボイモデル　英知　老年的超越

第1節　生涯発達心理学

（1）生涯発達心理学の歴史

生涯発達心理学が誕生したのは，1970年代にドイツ生まれの多数の心理学者がウエスト・ヴァージニア大学に拠点をつくり，それまでのアメリカ発達心理学の見方を変える仕事をしたことによる。特に，シャイエ（Schaie, K. W.）とバルテス（Baltes, P. B.）が中心となって，実証研究を伴った生涯発達心理学をつくったとされている。彼らの最大の貢献は，世代によって特性が変わること，同じ世代のなかでは，ある特性は上昇し他の特性は下降することを数字で示した点にある（秋山，2019）。

それまでは，乳児心理学，幼児心理学，児童心理学，青年心理学などがあり，主な研究対象は乳児期から青年期ごろまでの身体的変化や認知発達，行動面での変化であった。つまり，できなかったことができるようになることや，様々な能力や機能を獲得していく過程が発達であると考えられていた。しかしその後，青年期以降の成人期，老年期にみられる様々な機能の低下や喪失の過程も含めて発達と捉えられるようになり，人間は生まれてから死ぬまで発達し続けるという「生涯発達」の考え方が一般的になった。したがって，現在では，発達とは「受胎から死に至るまでの心身の量的・質的な変化」と定義される。

生涯発達の考え方へと発達観が変化することによって，発達心理学の研究対象は乳幼児期から青年期に限定されることなく，成人期や老年期まで広く含まれるようになった。また，乳児期から青年期までが上昇的変化の過程であり，その後の成人期以降は下降的変化の過程であるという直線的な見方から，人間の発達には様々な側面や様相が含まれていることも明らかにされてきた。たとえば，人間の赤ちゃんはあらゆる言語に対応できる脳を持って生まれ，初期には母語だけでなく外国語の音韻の区別が可能であるが，生後6ヶ月以降になると母語を中心とした言語環境に慣れていくため，母語以外の外国語の音韻の区別はできなくなっていく。日本語を母語とする赤ちゃんの場合，生まれた当初は「l」と「r」の違いを区別できるが，生後10ヶ月ごろになるとその能力は失われる。これは，日本語では「l」と「r」の音を区別することは必要ないためである（酒井，2002）。このように，発達の初期にも母語の獲得の裏には，外国語の音韻を区別する能力の喪失という側面がみられる。しかし，この喪失はある意味不要な能力を失うことによって，より効率的に生きていく環境に適応する過程であることを示している。このように，人間の発達は獲得と喪失の相互作用を繰り返していくプロセスなのである。

（2）生涯発達の規定因

生涯発達心理学の代表者であるバルテスは，生涯発達を規定する要因として，まず標準的要因と非標準的要因があり，さらに標準的要因は年齢的要因と歴史的要因に分けられるとし，それぞれの要因が発達に影響を与える程度が発達段階によって変化することを図式化（Baltes, et al., 1980）した（**図11 - 1**）。

標準年齢的要因は年齢と関連しており，幼児期から青年期にかけて影響が大きいが，加齢とともにその影響は小さくなっていくものである。年齢に伴う身体の成熟などの多くの人に共通して生じる発達的変化である。

また，義務教育などの入学年齢は，多くの国で社会的に規定されている。子どもたちは，一定の年齢になれば学校に通い，卒業し，やがて社会に出ていくことになる。青年期以降になると，たとえば就職や結婚，出産・子育てなどをはじめ，個人の選択の幅が広くなり，ライフコースは多様化していく。そのため，標準年齢的要因の影響は小さくなっていく。しかし，身体的な衰えや機能の低下が明確になってくる高齢期になると，多くの人は退職の年齢を迎えることもあり，再び標準年齢的要因の影響が大きくなっていく。

一方，標準歴史的要因は，どのような時代に子ども時代を過ごし，大人になるのかという歴史的文脈と結びついた要因であり，幼児期から青年期にかけてその影響が大きくなっていくものである。たとえば，戦争や災害，経済的な不況など，社会的な出来事をどの発達段階で経験するかによって，その人の発達は変化すると考えられる。例として日本では，1980年代の後半から1990年代の初めごろまではバブル景気とよばれる経済的に好景気の時期であり，それに伴う社会現象もみられ，大学生の就職活動も売り手市場であった。しかし，その後，1993年にかけて経済状況は急激に悪化し，バブル崩壊とよばれる不景気に突入した。企業の倒産や人員削減による失業率の増加，新規採用の抑制などにより，大学生の就職活動も急激に困難な状況に陥った。いわゆる就職氷河期の到来であり，その時期は2000年代前半まで続いた。バブル景気の時期に大学を卒業し，就職活動をした年代の人と，バブル崩壊後の就職氷河期に就職活動をした人では，同じ年齢であっても，経験した就職活動の質や困難さは大きく異なるであろう。つまり，歴史的文脈によって経験や発達が異なるものとなる。このように，どの時代に生まれ育つかによって，その人の人生は規定される側面があり，コホート効果ともよばれる。

非標準的要因は，すべての人が経験する出来事ではないが，個人的に重要

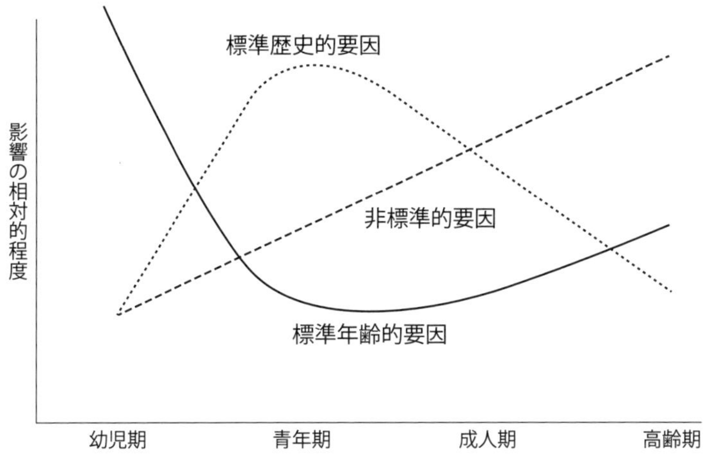

図11-1 生涯発達に影響を与える3つの規定因の変化

（鈴木他，2016）

な意味を持つような特異的な経験をさす。これには，ネガティブな経験もポジティブな経験も含まれており，たとえば，大けがや病気，肉親の死などのネガティブな経験もあれば，宝くじに当たることなどのポジティブな経験も含まれる。これらの経験は人によって異なるため，その後の発達の個人差や多様性につながると考えられる。当然であるが，こうした経験は年齢とともにその積み重ねの影響が出てくるため，幼児期から高齢期にかけて直線的にその影響は大きくなっていく。

生涯発達は，これらの３つの要因が相互に関連しあいながら進んでいくものであり，発達段階によってそれぞれの要因の影響の強さは異なるため，その複雑な絡み合いが個人の発達を特徴づけることになる。

第２節　発達を支える社会と家族

（1）生態学的環境

日本で生まれ育った子どもが，日本で多くの人に共有される価値観や規範意識を獲得していくように，子どもが社会の一員として，所属している社会の規範や価値観を自分のものとして取り入れていく過程を社会化という。この社会化に影響をおよぼすシステムについて，ブロンフェンブレンナー（Bronfenbrenner, 1979：磯貝・福富訳，1996）は，成長しつつある人間とそれを取り巻く社会や環境との相互作用のなかで発達を捉える生態学的システム理論を提唱した。人間は，位相的に同じ中心を持つ 4 つの入れ子になった社会文化的な生態学的環境のなかに組み込まれているという考え方である（**図 11 - 2**）。

第 1 の水準は，その人を取り囲み，直接かかわる人や場という環境であるマイクロ・システムであり，子どもであれば家族や学校，友だちなどが含まれる。第 2 の水準は，複数のマイクロ・システム間の相互関係を示すメゾ・

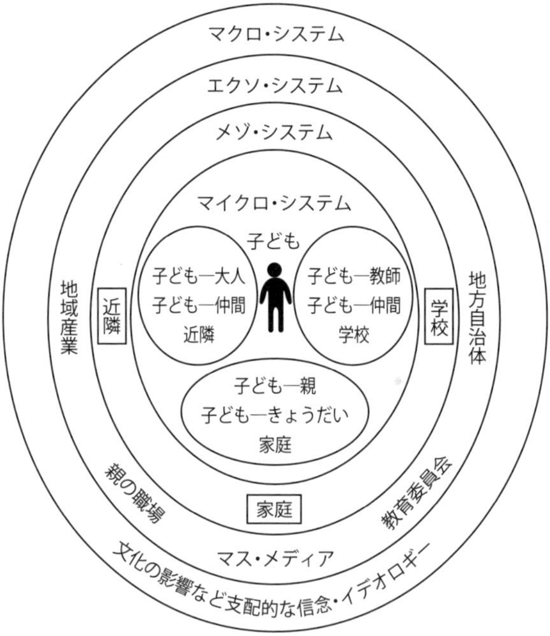

図11-2　ブロンフェンブレンナーの生態学的システム理論

（長谷川，2014）

システムである。子どもと親から構成される家庭，子どもと教師が含まれる学校など，個人は2つ以上のマイクロ・システムに所属しており，それぞれの経験や役割が人間関係や経験に相互に影響をおよぼす。第3の水準は，当人に直接かかわる人や場の背後にある外部の環境であるエクソ・システムである。たとえば，親の職業や地方自治体，マス・メディアなどが含まれる。そして，これらの背後には，社会や文化，思想やイデオロギー，価値観などの信念体系が影響をおよぼす。この第4の水準をマクロ・システムといい，第1から第3のシステムの一貫性を生む信念や情報などにかかわるものである。

この生態学的システム理論に照らすと，人間は複数の社会文化的な環境のなかで，様々な相互作用を通して発達していくと考えられる。

（2）親としての発達

エリクソン（Erikson, E. H.）の心理社会的発達理論において，成人期の前半は「親密性 対 孤立」の段階と位置づけられている。発達課題とされている親密性の獲得とは，青年期に獲得した自身のアイデンティティと特定の親しい他者（異性）のアイデンティティを融合させるために，親密な関係を築き，維持することとされている。つまり，特定の異性と恋愛関係を築き，それを維持して結婚へと至ることが想定されている。また，成人期の後半は「生殖性（ジェネラティヴィティ）対 停滞」の段階であり，発達課題とされている生殖性とは，家庭では子どもを産んで育てること，社会のなかでは中心となって働き次の世代を育てていくこと，やがて後進に道をゆずることを指す（Erikson, 1994：西平・中島訳，2011）。このように，成人期の発達課題は，従来，就職すること，結婚すること，子どもを産んで育てることが中心と考えられてきた。しかし，現代の日本では晩婚化，晩産化，少子化が進んだだけでなく，結婚や出産を経験しない，もしくは選択しない人も少なくない。それだけ，成人期の人生の選択の幅は広がり，多様な生き方がみられるようになっている。

一方で，発達心理学における成人期の研究は，やはり結婚や子育てを通した発達に焦点が当てられることが多い。ここでは，親になることがどのような発達をもたらすのかについてみていく。

従来の発達心理学では，主に個人が何を獲得していくか，喪失していくかに焦点を当てられることが多かった。しかし，たとえば，子どもが育つためには，その子どもを育てる養育者の存在を切り離すことができない。これまであまり注目されてこなかった養育者と子どもの関係性に注目したのが関係発達論である（鯨岡，2010）。関係発達論は，子どもと養育者関係を1つのまとまり（ユニット）として捉える。その上で，妊娠，出産，乳幼児期から青年期へと時間の経過とともに刻々と変化していく子ども－養育者関係のありようを描き出すことを目的としている。

関係発達論による発達の捉え方を示したものが，**図11-3**である。今まで「育てられる者」という立場であった子どもは，やがて大人になり，子どもを産んで「育てる者」（親）になっていく。その際，養育者が「育てる者」として我が子に向かうかかわり方には，かつて子どもであった自分が親からどのように育てられたかということが必然的に影響してくる。このように「育てられる者」から「育てる者」へのプロセスを解明し，「子ども－養育者関係」における子どもや養育者の自己性の変化を扱うのが実践論としての関

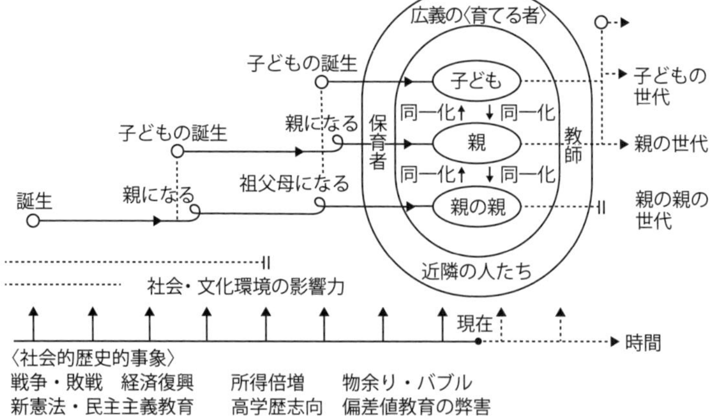

図11-3　関係発達論による発達の捉え方

（鯨岡，2010，p.40）

係発達論である。

「子ども－養育者関係」を記述するために用いられる概念として，間主観性，両義性，相互主体性の3つが挙げられる。間主観性とは，相手と自分の身体のあいだで相手の感じていることが通じてくることであるとされる。たとえば，養育者が子どもにご飯を食べさせるときに，自分も「あーん」と口を開けることがある。このように養育者が子どもの気持ちや身体の状態を間主観的に感じ取り，それに即応した対応を取っていくことは，子育てにとって重要である。2つめの両義性とは，たとえば子どもがご飯をもういらないという素振りを見せたときに，すぐにその気持ちに応えてあげたいという気持ちともう少しがんばって食べてほしいという気持ちのせめぎあいがおこるように，相容れない気持ちと気持ちの葛藤を指す。最後に，相互主体性とは，子どもと養育者がそれぞれの自己充足欲求を大切にしながら，両者が納得し合える地点を探っていくために粘り強く相手とかかわり続けていくことを意味する。たとえば，子どもがぐずったときの対応は養育者によって様々であり，そこには子どもとの関係性や養育者の考え方，育てられ方などが影響する。そのなかで，子どもの気持ちも受け止めつつ，養育者自身の思いを伝えていくようなかかわり方が求められる。

「育児は育自」ということばがあるように，育児をすることはその大人の心と力に発達をもたらすが，そこには男女差がみられる（柏木，2013）。育児期にある男女において，親になる前後では**図11-4**に示されるような多様な変化が自覚されていることが明らかにされた。たとえば，日本や世界の将来や環境問題について関心が増したという「視野の広がり」や，生きている張りが増した，長生きしなければと思うようになったなどの「生き甲斐・存在感」など，一見育児とは無縁に思える多様で広い影響が人格面や価値観に生じている。多くの面で母親が育児休暇を取得していない父親より発達的変化が多いのは，日本では一般的に子育ては母親の仕事という価値観が根強く，実際の育児量の差にも表れているからであろう。一方で，育児休暇を取得した父親は，母親よりも発達的変化を自覚している者も少なくない。「親になる」だけでなく「親をする」ことによってこのような側面の発達が促され，育児力も高まることが指摘されている。

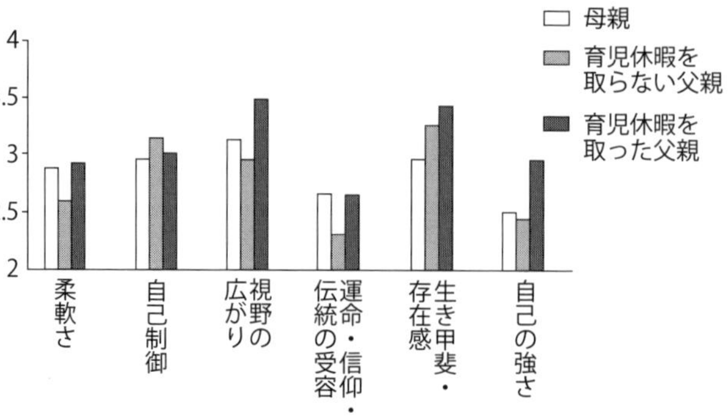

図11-4　育児経験による自身の変化

（柏木，2013）

第3節　職場と人間関係

（1）職業選択とキャリア発達

青年期以降の重要な発達課題の1つとして，職業選択と職業生活を続けていくキャリア発達が挙げられる。自立と安定した社会生活を営むためだけでなく，自己実現にとっても職業は重要な意味を持つ。キャリアとは，生活全般のなかから職場という限られた時間と空間を切り取っておこなわれていた職業研究が，人生全体のなかに職業生活を位置づけようとする考え方にシフトすることによって用いられるようになった概念である。また，キャリア発達とは，個人の発達過程を職業と他の様々な役割の連鎖と捉えて，そのなかで達成される人間的成長や自己の表現を含むものである（佐藤他，2014）。近年では，小学校段階からキャリア教育が取り入れられており，キャリア発達が注目されている。

スーパー（Super, D. E.）は，5つのライフステージ（キャリアの段階）とそれぞれの個人が演じる様々なライフロール（キャリアの役割）という2つの概念からキャリア発達を捉え，これらを通してその後のキャリアを計画していく過程で自己概念を形成していくと説明した（國枝，2019）。スーパーは，成長

表11-1　スーパーのキャリアステージ（発達段階）

段階	段階名	年齢	課題
第1期	成長期	0〜14歳	自己概念が，学校と家庭における主要人物との同一視を通して発達する。興味や能力の探求が始まる。
第2期	探索期	15〜24歳	学校，余暇活動，パートタイム労働において，自己吟味，役割試行，職業上の探求が行なわれる。その分野で仕事をするための必要条件を知り，特定の仕事に特化していき，その仕事に就く。
第3期	確立期	25〜44歳	職業に関する適切な分野に根を下ろし，そして永続的な地歩を築くための努力がなされる。生産的に活動し，より責任のある地位を求める。
第4期	維持期	45〜64歳	この段階では，職業の世界である地歩をすでに築き，その関心はその地歩を保持することにある。この段階の終わりには退職に向けた計画が立てられる。
第5期	衰退期（解放期）	65歳以上	身体的，精神的な力量が下降するにつれて，職業活動は変化し，少しずつ有給の雇用から遠ざかる。余暇や家族，地域社会とのつながりのある新しい役割が開発が求められる。

（國枝，2019）

期，探索期，確立期，維持期，衰退期（のちに解放期）というキャリア発達の5段階を提唱し，このサイクルを通してキャリア発達とパーソナル発達は互いに関連し合いながら発達するとしている（**表11-1**）。

（2）社会的関係の変化

人は生まれたときから社会のなかで互いに助け合いながら生活している。個人が築いていく社会的関係について，人生航路を進む自分という船を護送する船団（コンボイ）に見立てたソーシャルコンボイモデルが提唱されている（Kahn & Antonucci, 1980）。コンボイは護送船団という意味であり，個人を取り巻く複数の同心円としてコンボイを示している（**図11-5**）。中心のPは個人であり，同心円の内側ほど配偶者や親友などの身近で頼りにできる重要な他者が位置づけられる。その次の同心円には，家族や親戚，職場や近所の人などの役割の変化に影響され，時間の経過によって変化する他者が置かれる。外側の同心円には，上司や同僚，近隣の人などの社会的な役割の変化に

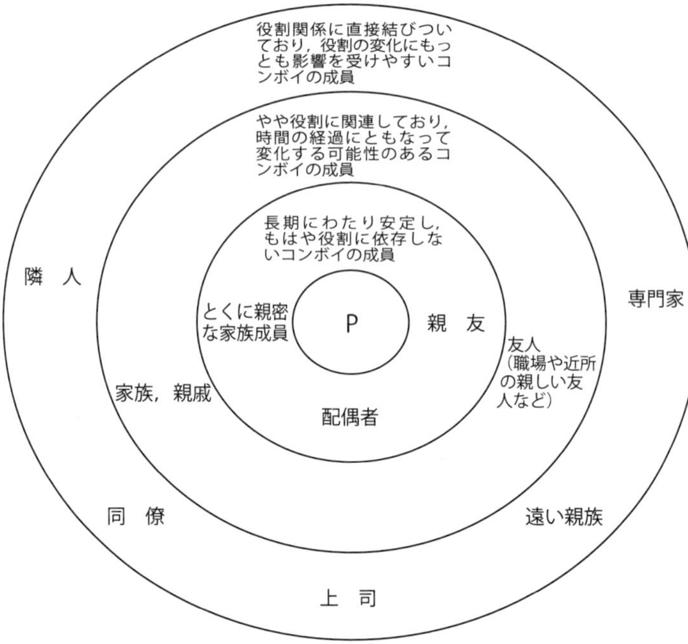

図11-5 ソーシャルコンボイモデル

（西村，2018，p.188）

よって大きく影響される他者が含まれる。特に，もっとも内側の第1の同心円が存在するのかどうかと，どれだけ多くの人が含まれるかが幸福感やストレス対処能力を予測するとされている（西村，2018）。つまり，豊かで安定した社会的関係を築いている人ほど，幸福感が高くストレスにも対処できるといえよう。

こうしたソーシャルコンボイは，年齢とともに変化するものである。一般的に，成人期以降から老年期にかけて，加齢とともに配偶者や親しい友人の死などに遭遇する機会が増えていく。それによって，コンボイの構成は変化し，特に第1の同心円に位置づけられている重要な他者の数が減少することによって，心身のバランスを崩しかねない。また，加齢によって，全体的な社会的関係も小さくなっていくことが考えられる。

第４節　高齢期の変化

（1）高齢期の発達

一般的に，65歳以上を老年期や高齢期と呼ばれる発達段階として区分することが多い。成人期から老年期・高齢期への移行の1つの目安は，定年退職などによる社会からの引退である。成人期には，生殖性が課題とされていたように，家庭でも職場でも次の世代を産み育て引き継いでいくことが求められたが，高齢期になるとそれらの役割から離れ，社会的関係も縮小していく。また，個人差はあるものの，加齢に伴う心身の老化により，身体機能や認知機能などの様々な側面での喪失を経験することになる。また，自身の心身の喪失だけでなく，親しい友人や家族の死などのストレスをもたらすライフイベントも経験する機会が増える。

下仲（2000）は，高齢期の人が経験するストレスをもたらすライフイベントと精神的健康の関連を調べている。その結果，もっともつらいライフイベントとして上位に挙げられたのは，自身や家族の大きな病気・けがと，親しい友人や親兄弟との死別であった。しかし，これらのライフイベントは，必ずしも精神的な健康の悪化にはつながっておらず，むしろ生活上の変化や対人関係のトラブルが強いストレスをもたらすことが示された。さらに，これらのストレスフルなライフイベントを経験した後の精神的健康の回復には，老いを受け入れ，肯定的に受け止めることや友人からのサポート，親子関係が役立つことも明らかになっている。老いに伴う喪失を否定的に捉えるのではなく，若いときに考えていたよりも良いことであるなどのように，肯定的に受け止め態度を変えることが重要であろう。

エリクソン（Erikson, 1994: 西平・中島訳，2011）は，高齢期を「自我の統合 対 絶望」の段階と位置づけている。この段階の課題の統合性とは，これまでの人生を振り返り，良い面も悪い面も自分の責任としてあるがままに受け入れ，死に対して安定した態度を持つことである。統合性の獲得に失敗すると，人生の悔いを残したり，自分ではない他者にその責任を負わせることによって，絶望にとらわれてしまう。課題とされている統合性を獲得するためには，死に向き合うなかでの，生きていくことそのものにかかわる賢さや聡明さである「英知」が必要であるとされる。この英知は，次の超高齢期において生じる新たな課題を乗り越えるためにも必要とされるものである。

（2）超高齢社会

「超高齢社会」といわれるようになって久しい。「高齢化社会」とは，国連の定める総人口に対する65歳以上の人口の比率，すなわち高齢化率（高齢者割合）が７％を超えた社会を指す[1]。日本の高齢化率は，2007年に７％の３倍の21％に到達した。この年が日本における「超高齢社会」の到来といわれている（佐藤他，2014）。また，日本では，男女ともに年々平均寿命が延びている。たとえば，2019年の日本人の平均寿命は女性が87.45歳，男性が81.41歳であり，いずれも国内の過去最高を更新しただけでなく，他の西欧諸国に比べても高い水準にあることが報告されている（厚生労働省，2020）。

世界的な超高齢社会の到来によって，これまでの発達心理学で説明されていた老年期の枠組みに収まらない新たな知見も出されてきた。生涯発達心理学の提唱者であるバルテスは，85歳前後以降の人生段階を新たに人生第４期と捉え，その段階の人々はその前の定年退職後の人々に比べて心身の状態や生活への適応が困難であることを示した（Baltes & Smith, 1990）。このように，超高齢期になると，心身の衰えによって，多くの人は介護など他者の世話や援助を受ける機会が増え，自立した生活が困難になる。

このような超高齢期については，高齢期を「統合性 対 絶望」と説明したエリクソン（Erikson, 1994: 西平・中島訳，2011）も，英知をもって統合性を獲得した人にも新たな課題と困難が生じると考え，新たに第９段階を仮定し「老年的超越」を獲得することを発達課題とした（Erikson & Erikson, 1998: 村瀬・近藤訳，2001）。「老年的超越」とは，過去でも未来でもなく現在を生きることに関心が注がれ，従来の価値観から解放されて，先祖や人類とのつながりや宇宙との一体感，生命の神秘を感じ，死への恐れからも解放されることと説明される（Tornstam, 2005）。超高齢者は，老年的超越を獲得することにより，再び生活満足感が高まるとされており，周囲の世代の人々も超高齢者に対する理解が求められる。

コラム　死の受容のプロセス

精神科医のキューブラー・ロス（Kübler-Ross, E.）は，末期がんの患者200名以上を対象にインタビューをおこない，死に向かう心理プロセスとして５つの段階からなる「死の受容モデル」を提唱した（Kübler-Ross, 1969: 鈴木訳，1998）。

第１段階　否認と孤立

不治の病であることを知ったとき，「そんなことがあるはずがない」と事実を受け入れられず，多くの場合否認する。

第２段階　怒り

否認を維持することができなくなると，怒り，激情，妬み，憤慨といった感情に変わる。「どうして私なのか」という疑問が生じる。

第３段階　取り引き

「避けられない結果」を先に延ばすべく，交渉しようとする段階に入る。何とか命を長らえようとするために善いおこないをするなど，多くの場合は神と取り引きを試みる。

第４段階　抑鬱

病気が進行し，自分の病気を否認することができなくなると，楽観的な態度を取り続けることができなくなる。無気力や冷静さ，苦悩や怒りはすぐに無気力や喪失感などの抑鬱状態に取って代わられる。

第５段階　受容

第４段階までのプロセスを経て，ある程度の期待を持って最後の時が近づくのを静観するようになる。この受容とは，幸福な段階ではなく，感情がほとんど欠落した状態であり，「長い旅路の前の最後の休息」のときである。

■注

1）日本は，1994年に高齢化率が7％の2倍の14％に達した。この時点で「高齢社会」と呼ばれるようになった。日本よりも早く人口の高齢化が進展していたヨーロッパと比較すると，日本の高齢化率は7％の「高齢化社会」から14％の「高齢社会」に達するまでに24年しかかかっておらず，類をみない速さで高齢化が進展している。さらに，高齢化率14％から21％への超高齢化のスピードは13年と，より加速していることがわかる（佐藤他，2014）。

■引用文献

秋山道彦『生命の発達学——自己理解と人生選択のために』新曜社，2019年

Baltes, P. B., Reese, H. W. & Lipsitt, L. P., Life-span developmental psychology, *Annual Review of Psychology*, 31, 65-110, 1980

Baltes, P. B. & Smith, J., Toward a psychology of wisdom and its ontogenesis, In Sternberg, R. J.（Ed.）, *Wisdom Its nature, origins, and development*, Cambridge University Press, 87-120, 1990

Bronfenbrenner, U., *The ecology of human development*, Harvard University Press, 1979（ブロンフェンブレンナー，U.『人間発達の生態学——発達心理学への挑戦』磯貝芳郎・福富護訳，川島書店，1996年）

Erikson, E. H., *Identity and the Life cycle*, W.W. Norton & Company, Inc, 1994（エリクソン，E. H.『アイデンティティとライフサイクル』西平直・中島由恵訳，誠信書房，2011年）

Erikson, E. H. & Erikson, J. M., *The life cycle completed: A review. Expanded Edition*, W. W. Norton & Company, Inc., 1998（エリクソン，E. H.・エリクソン，J. M.『ライフサイクル，その完結（増補版）』村瀬孝雄・近藤邦夫訳，みすず書房，2001年）

長谷川真里『発達心理学——心の謎を探る旅』北樹出版，2014年

Kahn, R. L. & Antonucci, T. C., Convoys over the life course: Attachment, roles, and social support, In Baltes, P. B. & Brim, O. G. Jr.（Eds.）, *Life-Span Development and Behavior*, Vol.3, Academic Press, 1980

柏木惠子『おとなが育つ条件——発達心理学から考える』岩波書店，2013年

厚生労働省「令和元年　簡易生命表の概況」2020年（https://www.mhlw.go.jp/toukei/saikin/hw/life/life19/index.html，2020年8月28日閲覧）

Kübler-Ross, E., *On Death and Dying*, Macmillan,1969（キューブラー・ロス , E.『死ぬ瞬間——死とその過程について』 鈴木晶訳，読売新聞社，1998年）

鯨岡峻『保育・主体として育てる営み』ミネルヴァ書房，2010年

國枝俊弘「青年期から成人期へ——キャリア発達と社会生活」『生涯発達心理学15講 第3版』高橋一公・中川桂子編著，北大路書房，127-139，2019年

西村純一『成人発達とエイジングの心理学』ナカニシヤ出版，2018年

酒井邦嘉『言語の脳科学——脳はどのようにことばを生みだすか』中央公論新社，2002年

佐藤眞一・高山緑・増本康平『老いのこころ――加齢と成熟の発達心理学』有斐閣，2014年
下仲順子「高齢期における心理・社会的ストレス」『老年精神医学雑誌』11（12），1339-1346, 2000年
鈴木忠・飯牟礼悦子・滝口のぞみ『生涯発達心理学――認知・対人関係・自己から読み解く』有斐閣，2016年
Tornstam, L., *Gerotranscendence: A developmental theory of positive aging*, Springer, 2005

■課題

1.「生涯発達」という視点が出てくる前の発達観と生涯発達心理学の誕生以後の発達観の変化を説明してみよう。
2. 生態学的システム理論に照らして，自身の発達とそれぞれのシステムに該当する人や環境を考えてみよう。
3. 現在の自分を取り巻く人間関係を，ソーシャルコンボイモデルにあてはめて説明してみよう。また，30年後，どのようなソーシャルコンボイを築いているか，予想してみよう。
4. 身近な高齢者が老年的超越を獲得するために，どのような支援をおこなうことができるか具体的に考えてみよう。

■参考図書

テーレン，E. &スミス，L.『発達へのダイナミックシステム・アプローチ――認知と行為の発生プロセスとメカニズム』小島康次監訳，新曜社，2018年
氏家達夫監，島義弘・西野泰代編『個と関係性の発達心理学――社会的存在としての人間の発達』北大路書房，2018年

第5部

発達障がい

第5部では，発達障がいがどのような障がいかについて学んでいく。

まず発達障がいの定義に触れた上で，近年の研究で明らかになってきた障がいの原因，最近になって変化してきた「障がい理解」のあり方，各障がいの分類や特性などを細かく学んでいく。最近ではメディアなどでも発達障がいが取り上げられる機会が増え，その存在も社会のなかにかなり浸透してきている。しかし，発達障がいの正しい理解は容易ではなく，多角度的な視点を必要とする。ここでの学びを通して，自分自身の発達障がいへの理解を見つめ直すきっかけとしてほしい。

また，年代ごとの発達障がいの姿とそれに対する理解や支援の在り方についても考える。発達障がいは，同じ障がいでもその症状の個別性が高く，かつ他の障がいとの重複も多いため，オーダーメイドな理解と支援を必要とする。本書で紹介する事例は，あくまでもいくつかの事例の部分的側面を切り取ったに過ぎないが，まずは様々な事例に触れることを通して，年代ごとの発達障がいのイメージ像を構築してもらい，今後の教育に生かしていくことを期待したい。

第 12 章　発達障がいの定義，原因・分類・理解の変遷

近年，学校教育の現場では発達障がいに対する理解や支援を求められる場面が増え，教師を目指すものにとって，また社会人の一員としても，今や発達障がいにかんする理解は必要不可欠だといえる。ここでは，発達障がいがどのような障がいであるかに始まり，現段階で明らかになっている障がいの発生原因，各障がいごとの細かな特性までを学んでいく。特に教育現場で出会うことが多い自閉症スペクトラム障害，注意欠如・多動性障害，限局性学習障害の各障がいの特性について細かく見ていく。

キーワード
自閉症スペクトラム障害　注意欠如・多動性障害　限局性学習障害

第 1 節　発達障がいの定義と障がい理解の変遷

（1）発達障がいの定義，特徴

発達障がいの定義

2005年に「発達障害者支援法」が施行されてから，発達障がいという言葉は一般にも広く知られるようになった。「発達障がい」と一口に言ってもその種類は様々で，かつ同じ障がい名の人でもその特性や抱えるニーズは多様だといわれている。では，発達障がいは一般的にどのように定義されるのだろうか。2016年に改正された発達障害者支援法にある定義を見てみよう。

「発達障害」とは，自閉症，アスペルガー症候群その他の広汎性発達

障害，学習障害，注意欠陥多動性障害その他これに類する脳機能の障害であってその症状が通常低年齢において発現するものとして政令で定めるものをいう。

まず注意しておきたいのは，自閉症，アスペルガー症候群，その他の広汎性発達障害の3つの障がい名がここでは並列されているが，現在この3つは「自閉症スペクトラム障害」という1つの障がいとしてまとめられている（American Psychiatric Association, 2013：髙橋・大野監訳，2014）。これを踏まえると，①自閉症スペクトラム障害（Autism Spectram Disorder：以下ASD），②注意欠如・多動性障害（Attention Deficit Hyperactivity Disorder：以下ADHD），③限局性学習障害（Specific Learning Disorder：以下SLD）の3つの障がいが，発達障がいの中心として定義されていることになる。また，その症状が発達の早い時期から発現することも定義に含まれる。つまり，発達障がいの診断では，脳機能の障がいによって，日常生活の様々な場面で適応上の困難が発達早期から生じているかどうかが判断基準となる。具体的には，専門家による対象者の行動観察や，養育者への聞き取りによって情報が集められ，診断がなされる。ここで注意したいのは，発達障がいの特徴があっても，それが日常生活の妨げとなっていない場合は障がいとして診断されることはないという点である。つまり，脳機能の障がい＝発達障がいではなく，定型発達との脳機能の違いによって困難が生じている状態が「発達障がい」ということになる。最近では，発達障がいは定型発達（人口中の大多数の人々）まで続く連続体（スペクトラム）であり，大多数の人のなかにも発達障がい的な要素が個人差として存在すると考えられるようになってきている。これは，障がいの診断の有無だけを根拠に支援の必要性を考えるのではなく，連続的な視点を持って個人のニーズを理解し，支援していくことの必要性を示している。

発達障がいの特徴

ここでは，教育現場でもっとも遭遇する機会の多い，ASD，ADHD，SLDという3つの発達障がいに共通してみられる特徴をみていこう（**図12 - 1**）。

発達障がいは2つ以上の障がい特性を持つことも多く，現在では併存診断

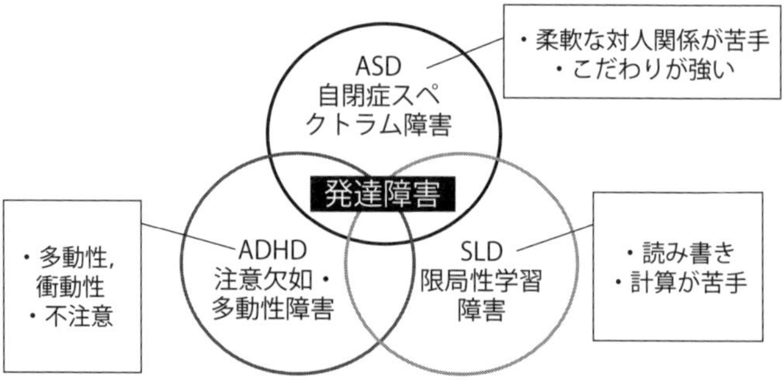

※この他にも，知的障害，運動障害（発達性協調運動障害：DCD），
チック障害などが含まれる。

図12-1　発達障がいの基本的な特性

（本田，2018より筆者作成）

（複数の障がい名をつけること）が認められるようになった。2つ以上の障がいを併せ持つことを「重複障がい」といい，ASDとADHDの重複率は50％以上ともいわれている。また，複数の障がいの重複がある場合，どちらの特性も障がいレベルで現れる場合もあれば，そうでないことも多い。発達障がいの重複例については後の節で細かく述べる。

発達障がいが他の障がいと比べ特徴的なこととしては，障がいが外からは見えにくいということがある。障がい特性が重かったり，他の障がいと重複があったりすると周囲にも気づかれやすいが，そうでない場合障がいの発覚が遅れることがある。障がいが外から見えにくいと，周囲からは「本人が怠けているせいだ」などと非難されやすく，これにより本人の自己肯定感が低くなることがよくおきる。こうしたことを防ぐためにも，養育者や教師が子どもの特性にいち早く気付ける目を持つことは大切になる。

その数の多さも発達障がいの特徴である。教育現場での調査によれば，通常学級に在籍している，発達障がいの可能性のある児童生徒の在籍率は6.5％程度（文部科学省，2012），特別支援教育を受けている児童生徒は支援学校，支援学級，通級を含めて4.1％（文部科学省，2018），両者を足すと約1割弱になる。これだけ頻度が高い障がいは他と比べても珍しく，学校や職場などでは特に，今後より充実した理解と支援体制が構築されることが望ましい。

(2) 障がい理解の変化

障がいのある人と接するとき，私たちはその「個人」が抱える課題ばかりに目を向けてしまいがちだが，障がいを個人のなかにのみ閉じ込める考え方が見直される動きにある。2016年の発達障害者支援法の改正により変更があった第2条第2項，第3項で，発達障がいは次のように記述されている。

> 2　この法律において「発達障害者」とは，発達障害がある者であって発達障害及び社会的障壁により日常生活又は社会生活に制限を受けるものをいい（後略）
>
> 3　この法律において「社会的障壁」とは，発達障害がある者にとって日常生活又は社会生活を営む上で障壁となるような社会における事物，制度，慣行，観念その他一切のものをいう。（文部科学省，2016）

ここで重要なのは，「障がい」というものは，個人が抱える機能障害だけでなく，「社会的障壁」も含む概念であると示されたことである。社会的障壁には人々が持つ「観念」も含まれており，私たちが障がいのある人に対して取る態度や見方が，障がいの一部を構成するということを示している。この考え方には，現在の世界保健機関（WHO）が提示している障害の捉え方が反映されている。2001年，WHOはそれまでの障害分類を一新し，障がいに対するプラス面での捉え方を加味した「国際生活機能分類」（International Classification of Functioning, Disability and Health：ICF）という考えを採択した。これは，人が生きることの全体像を指す「生活機能」を土台として，人の生活機能である「心身機能・身体構造」「活動」「参加」の3つの次元は，個人の健康状態と背景因子（個人・環境）とのダイナミックな相互作用で変化することを示した（**図12 - 2**）。

つまり，障がいがあるということは，個人のなかのみに障がいが存在することを指すのではなく，社会との間で生活機能が十全に機能していないことを指し，社会からの支援を必要としている状態であることを示している。この新しい考え方により，「社会的障壁」という環境因子も障がいの一部を構

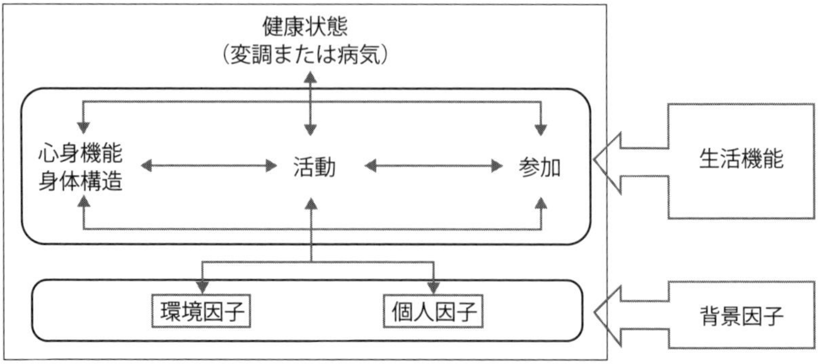

図12-2　ICF の構成要素間の相互作用

（厚生労働省，2002）

成すると考えるようになったことで，個人の障がいは取り除くべきものではなく，「社会的障壁をいかにして取り除くか」という議論が活発になっていった。日本でも，2016年に施行された「障害を理由とする差別の解消の推進に関する法律（障害者差別解消法）」に社会的障壁を取り除くための「合理的配慮」が法的に位置づけられたことは記憶に新しい。こうした障がい理解の変遷に伴い，私たち1人ひとりが多様な人との共生社会構築のための責任を負っているという意識が求められるようになってきている。

第2節　発達障がいの原因，発生メカニズム

発達障がいには様々な種類があり，その原因や発生メカニズムも障がいによって異なるが，ASD や ADHD，SLD などは，特定遺伝子の影響のみで説明できない複雑な発生メカニズムを持つといわれている。ここでは ASD の発生メカニズムについて，現時点でわかっていることを取り上げよう。

ASD がなぜ生じるのかという疑問に対しては，これまで様々な研究がおこなわれてきた。1943年にカナー（Kanner. L）によってはじめて早期自閉症幼児が発見されたころは，母親の養育が原因で自閉症が生じるという「冷蔵庫マザー説」が信じられていたこともあった。その後の研究によりこの説は否定され，ASD は環境により生じるのではなく，定型発達とは異なる脳の

器質や機能があることが明らかになっていった。器質的なことにかんしていえば，ASDは定型発達と比べて情動や社会性にかかわる「扁桃体」という部位が大きいという研究や，ASDの子どもは定型の子どもよりも脳が大きいという研究（Amaral, et al., 2008）などがある。また，機能面を調べた研究では社会的認知や情動・感情との関連が深いACC（前帯状皮質）の賦活の弱さや（Martino, et al., 2009），脳内の神経連絡のハブ地点にあたる部位の機能低下など（Uddin & Menon, 2009），様々な研究結果が示されている。しかし，これらの結果は相反する結果を示す研究などもあり，どこまでがASDの症状と関連したものであるかについては明確になっていない。ASDのなかでも症状の違いがあることを踏まえればこうした結果も当然のことであり，今後はASDのなかでもタイプごとに検証が進んでいくことが望まれるだろう。

このような現状のなかでも，ASDが定型発達との脳領域の差違によって生じる障がいであることは間違いないと考えられるようになったと同時に，その違いにかかわる遺伝子研究も進展していった。ASDと関連のある遺伝子は800近くあるといわれており，なかでももっとも信頼度が高いのがシナプス形成にかかわるたんぱく質を作る遺伝子の関与である。自閉症の病態はシナプス形成の問題だけで説明できるわけではないが，症状の多くがそこに起因して生じていることは間違いないと考えられるようになってきている（大隅，2016）。しかし，脳の発生や発達に遺伝子がどのように働くかについてはまだ謎も多く，今後の研究によって明らかになっていくことが期待されている。

第３節　発達障がいの分類と特性

（1）自閉スペクトラム症/自閉症スペクトラム障害

自閉症スペクトラム障害（ASD）の診断

ASDは，社会的コミュニケーションや対人相互反応の障害と，限定された反復的行動，興味，または行動様式という２つの特徴によって診断される障がいである。これを簡単にいうなら，人とのコミュニケーションに困難が

表12-1　ASDの診断基準

A. 複数の状況で社会的コミュニケーション，対人相互反応の持続的な欠陥
B. 行動，興味，活動の限定された反復的様式
C.（上記の）症状が発達早期から存在している
D. その症状が，社会的・職業的に意味のある障がいを引き起こしている

（American Psychiatric Association, 2013：髙橋・大野監訳より筆者作成）

あり，特定の物や行動への強い「こだわり」があることを示している。これらの症状が幼児期の早い段階からみられ，日々の生活に困難がある状態のとき，ASDとして診断される（**表12-1**）。

「自閉症スペクトラム」という概念は一般にも広く知られるようになってきたが，この「スペクトラム」という概念を理解することはとても重要である。「スペクトラム」とは連続体を意味し，虹のように色の境界線がはっきりせず，グラデーションがあり色が薄くなったり濃くなったりする様子を表している。自閉症スペクトラム概念もこれと同じように，その特徴が濃いものから薄いものまでが地続きでつながっている（**図12-3**）。

歴史のなかで様々に議論されてきたスペクトラム概念だが，現在では，ASDから定型発達までがスペクトラムであることを示す科学的証拠が増えてきている（Kamio, et al., 2013）。同じ障がいでも境界のはっきりしない特性の濃淡を持つ人々が，1つの診断カテゴリーとしてまとめられ，カナー型自閉症，高機能自閉症，アスペルガー障害，特定不能の広汎性発達障害と呼ばれていたすべての人が，「自閉症スペクトラム障害」というカテゴリーに包括された。

自閉症スペクトラム障害（ASD）の症状の特徴

ASDの中核症状の1つ，「社会的コミュニケーションや対人相互反応の障害」は，実際は次のような姿をイメージするとよい。個人によって現れ方に差違はあるが，以下の記述から具体的なイメージを持ってもらいたい（**表12-2**）。

人とかかわるとき，多くの人は「相手が何を考えているか」「相手はどん

表12-2　社会的コミュニケーションの障がいとは？

幼少期： ・模倣遊びが少ない ・やりとりが一方的 ・視線が合わない ・共同注意が少ないなど
成人期： ・会話の輪に入れない ・暗黙の了解が苦手 ・非言語コミュニケーション（表情・ジェスチャーなど）が少ない ・人間関係の構築，維持が困難など

（筆者作成）

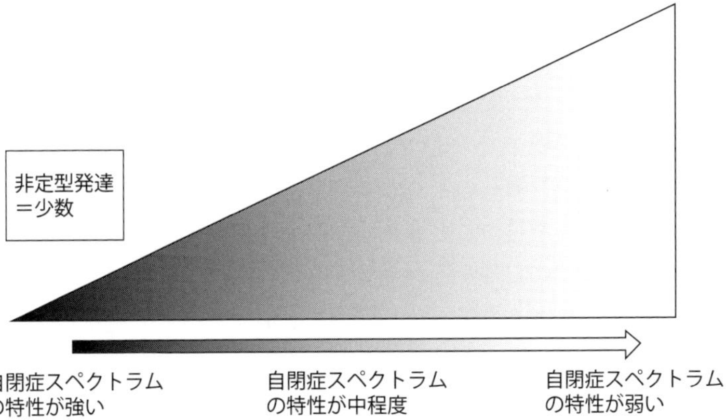

図12-3　自閉症スペクトラム概念のイメージ図

（杉山，2018より筆者作成）

な気持ちか」ということを自然に想像しながらコミュニケーションを取っている。ASDではこれが難しいことが多く，幼いころは相手を模倣して遊ぶことが少なかったり，やりとりが一方的だったりする。指差し行動，養育者との共有（共同注意）の少なさや，視線の合わなさなどの行動は，養育者に気づかれやすい特徴としてよくいわれる。大人になると，会話の輪のなかに参加する方法がわからない，言って良いこと・悪いことなどの暗黙の了解を理解するのが苦手といった姿として現れる。コミュニケーションの一部では，視線や表情，言葉の抑揚などの非言語情報が重要な役割を果たすが，ASD

ではこうした非言語コミュニケーションが少なかったり，特殊な使い方をしたりすることがある。こうした特性もあって，人間関係を構築，維持することが難しく，場合によっては他者への拒絶や消極性，攻撃的に見える行動として現れることもある。集団の輪に馴染めずに孤立しているように見えたり，変化を極端に嫌ったりすることで，周囲から浮いた存在になってしまうことも多い。

「限定された反復的行動，興味，または行動様式（こだわり）」は，**表12-3**のような行動として現れる。

これらはよく，「こだわり」という言葉でまとめられることが多い。幼いころはおもちゃなどいろいろな物を集め並べたがったり，オウム返しのように同じ言葉を繰り返すといったことがみられる。習慣に対してこだわりを持つこともあり，これは「変化への抵抗」として出てくることが多い。同じものしか食べない，学校までの道のりがいつもと違うとパニックになってしまうなどは，こうした習慣へのこだわりからきていることもある。特別な物に異常なほど強い関心を持つこともあり，掃除機に夢中になったり，時刻表を書き出すことに専心したりする大人もいる。なかには機械的な暗記を得意とする人もいて，驚くような記憶力で周囲を圧倒することもある。こだわりは，ときに素晴らしい作品作りや技術などにつながることもあり，周囲の迷惑にならないものであれば，こだわりを尊重することも重要である。

さらに，最近になって診断基準に盛り込まれた特定の感覚に対する敏感さや鈍感さへのこだわりは，電車の音などの特定の音に強く惹きつけられたり，特定の肌感覚のものしか身につけなかったりすることで明らかになる。他に

表12-3　限定された反復的行動，興味，行動様式とは？

幼少期から成人期まで：
・反復行動（手をひらひらさせる，おもちゃを並べる，同じ道を通る）
・反復言語（同じ言葉，同じ質問の繰り返し）
・変化への抵抗（同じものしか食べない，着ない，規則遵守に固執する）
・特別なもの（掃除機・時刻表など様々）への強い関心
・特定の感覚（音・触感・臭い・熱さ・痛み）への敏感さ，鈍感さなど

（American Psychiatric Association, 2013：髙橋・大野監訳より筆者作成）

も，痛みや熱さ・冷たさへの明らかな無関心として現れることもある。

（2）注意欠如・多動症 / 注意欠如・多動性障害

注意欠如・多動性障害（ADHD）の診断

ADHDは，不注意および／または多動性，衝動性の症状にかんする項目が生活の2つ以上の状況（家庭と学校など）で6ヶ月以上続いたことがあると診断される。症状が12歳になる前から存在していたことも要件となる（**表12-4**）。

2つ以上の状況で症状が出ていない場合，たとえば家庭のみでADHDにかんする症状が出ていても，ADHDと診断されることはない。家庭のみで症状が出ているときには，ADHD以外の要因があることを考えてみる必要がある。

ADHDのなかにもタイプがあり，多動性・衝動性が目立つ「多動性・衝動性型」，不注意が目立つ「不注意型」，不注意，多動性・衝動性の両方の特性がみられる「混合型」という3タイプがあり，ADHDの約8割は「混合型」といわれている。

注意欠如・多動性障害（ADHD）の症状の特徴

ADHDには，不注意，多動性，衝動性という3つの特性がある。ASDと同じでどの特性が目立っているかは個人によって異なるため，ADHDという同じ障がい名であっても，その実際の姿は多様である。

まず，不注意の特性は**表12-5**のような姿をイメージしてほしい。

表12-4　ADHDの診断基準

A.	①不注意②多動性および衝動性の複数の症状が6ヶ月以上持続する
B.	不注意・多動性－衝動性の症状のいくつかが12歳以前から存在する
C.	不注意・多動性－衝動性の症状のいくつかが2つ以上の状況で存在する
D.	上記の症状が社会的，学業的，職業的機能を損なわせている証拠がある

（American Psychiatric Association, 2013：髙橋・大野監訳より筆者作成）

表12-5　不注意とは？

学童期から成人期まで： ・課題から気がそれる ・忍耐の欠如 ・集中し続けることの困難 ・まとまりがない ・これらが反抗や理解力のなさのためではない

(American Psychiatric Association, 2013：髙橋・大野監訳より筆者作成)

表12-6　多動性・衝動性とは？

学童期： ・不適切な場面（授業中など）で走り回る ・過剰にそわそわ，しゃべりすぎる ・注意せず道に飛び出す
成人期： ・過剰に落ち着きがない，それにより他人を疲れさせる ・見通しを立てずに即座におこなう ・長期的結果を考慮せず重要な結果を下す

(American Psychiatric Association, 2013：髙橋・大野監訳より筆者作成)

周りの刺激に気を取られて気が散りやすかったり，周囲に対して持続的に注意を向けるのが苦手だったりするので，学校などでは先生の話を聞いていられない，早合点でうっかりミスをするということが起きてくる。また，整理整頓が苦手なことも多く，部屋の片づけができなかったり，忘れ物やなくし物が多かったり，友だちとの約束をすっぽかしたりということがある。

つぎに多動性，衝動性とは，**表12-6**のようなイメージである。

多動性は，静かにしていなければならない場面でもしゃべり続ける，椅子をガタガタと動かす，授業中立ち歩いたりするなどであり，衝動性は思いついたことをすぐに行動に移してしまうことなどを指す。子どもでは，自分の行動にブレーキをかけることが難しく，遊んでいるときに順番待ちをしている列に急に割り込んだり，大人では，先々のことを考えずに職業決定したりすることもある。一方で，思い立ったらすぐに行動を起こせるのは強みになることもある。多くの人がしり込みをしてしまう場面で，先陣を切って行動を起こすことができることで一目置かれる存在になることもある。

注意欠如・多動性障害（ADHD）の学校現場での理解

ADHD の特性のなかでも，多動性は 2 ～ 3 歳ころに目立つようになるといわれているが，不注意や衝動性の問題で生活上の困難が大きくなるのは小学校入学以降といわれている。なぜなら，小学校では長い時間着席して授業を聞いたり，周囲に合わせた行動をとったり，ADHD の子どもにとって難しい行動が求められる状況が多いためである。本人もわざとやっているわけではないのに親や教師から厳しく注意され，注意されても行動を改善することも難しい。こうして，自分はダメだと劣等感を持ったり，深く傷ついたりすることも少なくない。ADHD の子どものほとんどは，青年期から成人期にかけて運動性の多動の症状は目立たなくなっていくが，落ち着きのなさ，不注意，計画性のなさ，衝動性に伴う困難などは持続していくといわれている。

（3）限局性学習症 / 限局性学習障害

限局性学習障害（SLD）の診断

SLD は知的な遅れはなく，適切な教育的介入がされてきたにもかかわらず，「読む」「意味理解」「書く」「計算する」「数学的推理」などの基本的な学業や学業技能のうち特定の技能の使用に困難がある状態が，少なくとも 6 ヶ月以上続いていることで診断される（**表12 - 7**）。

SLD は，知的な遅れがみられる知的障害や，学習意欲がなく成績が伸び悩む学業不振などとは区別されている。学習，学業技能の困難さはその人の暦年齢の平均よりも明らかに低く，学校や職場での日常生活に著しく影響が

表12-7　SLD の診断基準

A.	学業や学業技能の使用に困難があり，介入があってもその症状が少なくとも6ヶ月以上持続
B.	欠陥のある学業技能はその人の暦年齢に期待されるより著明に低い
C.	学習困難は学齢期に始まるが，要求されることが自分の限界を超えるまでは明らかにならないかもしれない

（American Psychiatric Association, 2013：髙橋・大野監訳より筆者作成）

あることが前提となる。SLDは他の発達障がいと同様，単独で現れることもあれば，他の障がいと重複して現れることもある。また，幼児期にADHDと診断されていた子どもが，小学校入学後にSLDであることが判明するということがしばしばあり，SLDとADHDはもっとも重複しやすいともいわれている。

限局性学習障害（SLD）の特徴

SLDでは，脳内の情報処理プロセスである「認知」における何らかの異常がみられる障がいだが，実際のイメージは次のような状態である（**図12-4**）。

SLDの特徴の1つは，学校教育の期間中に始まり，読み書きなど基本的な学業の技能習得が難しいことである。学校での学習が進むと目立つようになるといわれており，特に小学校3年生くらいで発見されることが多くなる。

2つ目の特徴は，障がいのある学業的技能が，その年齢で期待されるよりも，著明にかつ定量的に低いことである。子どものうちはその結果が成績に現れ，大人になるとその技能を必要とする活動を避けるようになっていくことが多い。年齢平均より明らかに遅れているということの証拠としては，標準化されたテストや臨床的な評価，学歴，通知表などが総合的に判断されることになる。

3つ目の特徴は，多くの人が低学年のうちに学習上の困難が明らかになるのに対し，一部の人では学習で要求されるものがその人の限られた能力を超えてしまう高学年まで明らかにならないことがあるという点である。これが，学習障害の発覚が小学校3年生以降であることが多い理由である。

また，関連する特徴として認知能力のアンバランスさがみられることが多

学童期から成人期まで：
・正確・かつ流ちょうに読むこと
・書字
・算数の計算
・数学的な問題を解く（数学的推理）
（以上）これらの困難さ

図12-4　学業的技能の困難さとは？
（筆者作成）

い。たとえば，映像的な記憶や描画の力は優れているのに，読む速度が遅く，意味理解にも困難があるといったことが生じる。認知能力の凸凹の特徴は個人ごとに異なるので，個々人のプロフィールを把握することが重要である。

コラム　合理的配慮とは

教育現場での職を目指す者にとって，「合理的配慮」にかんする理解は必要不可欠なものの 1 つである。近年，障がい者にかんする法制度に大きな改革があり，2016年 4 月には，障がい者に「合理的配慮」を求める法律（障害者差別解消法）が施行された。「合理的配慮」を理解する上でまず重要なのは，「社会的障壁の除去」とは何かを知ることである。社会的障壁というのは，障がい者が生活をする上で支障となる外的な要因のことを指す。たとえば，読み書きに困難のある学習障がいの A さんに対し，手書きの読書感想文の課題が出されたとする。A さんにとって「手書きの読書感想文」がここでは社会的障壁となり，これを除去するための措置の 1 つとして，合理的配慮が適用される。具体的には，手書きの感想文でなく，PC で作成した文書での感想文の提出を認めることなどである。

さらに，障がい者への措置が「合理的配慮」として認められるためには満たさなくてはいけない条件として，以下の 2 つがある。

①障がい者個々人のニーズを満たさなければならない

②非過重負担でなければならない

この 2 つの条件を満たす配慮を「合理的配慮」とよび，今後ますます教育現場でも議論される機会が増えることが予想される。

（4）障がいの重複例

これまで 3 つの発達障がいを細かく扱ってきたが，障がいの重複例についても理解を深めておく必要がある。障がいの重複とは，複数の障がいを併せ持つことである。複数の発達障がいが重複している場合，重複例ならではの特徴というものがあり，特別な理解を必要とする。重複例は，双方が診断されるレベルであるものだけでなく，複数の発達障がいそれぞれの特性が部分的に表れている状態も含まれる。本田（2018）によると，重複例は理解が得づらい場合が多いという。ASDとADHDの重複を考えたとき，「対人関係が苦手」「こだわりが強い」「不注意」「多動性・衝動性」という特性すべてが現れるという場合もあれば，そうでないこともありうる。こうした場合，自分ではいろいろなことがうまくできない不全感を抱いているにもかかわらず，ASD，ADHDどちらの特性も強くないため，病院に行っても障がいと診断されないということが生じてくる。彼らは周囲から適切な対応や支援が得られず，苦しみや悩みが大きくなっている可能性がある。重複例は，診断の有無にかかわらず，個々に合った適切な支援を必要としていると理解すべきである。

■引用文献

Amaral, D.G., Schumann, C.M. & Nordahl, C.W., Neuroanatomy of autism, *Trends Neuroscience*, 31（3）, 137-145, 2008

American Psychiatric Association, *Diagnostic and statistical manual of mental disorders, fifth edition*, American Psychiatric Pub Inc, 2013（『DSM-5精神疾患の診断・統計マニュアル』髙橋三郎・大野裕監訳，医学書院，2014年）

本田秀夫『発達障害　生きづらさを抱える少数派の「種族」たち』SBクリエイティブ，2018年

Kamio,Y., Inada, N. & Moriwaki, A., et al., Quantitative autistic traits ascertained in a national survey of 22,529 Japanese schoolchildren, *Acta Psychiatrica Scandinavica*, 128（1）, 45-53, 2013

厚生労働省「国際生活機能分類――国際障害分類改訂版（日本語版）」2002年（https://www.mhlw.go.jp/houdou/2002/08/h0805-1.html，2020年9月20日閲覧）

Martino, A. D., Ross, K. & Uddin, L. Q., et al., Functional Brain Correlates of Social and Non-Social Processes in Autism Spectrum Disorders: an ALE Meta-Analysis, *Biological Psychiatry*, 65（1）, 63-74, 2009

文部科学省「通常の学級に在籍する発達障害の可能性のある特別な教育的支援を必要とする児童生徒に関する調査結果について」2012年（https://www.mext.go.jp/a_menu/shotou/tokubetu/material/__icsFiles/afieldfile/2012/12/10/1328729_01.pdf，2020年9月20日閲覧）

文部科学省「特別支援教育資料」2018年（https://www.mext.go.jp/component/a_menu/education/micro_detail/__icsFiles/afieldfile/2019/10/28/1406445_000.pdf，2020年9月20日閲覧）

文部科学省「発達障害者支援法（平成十六年十二月十日法律第百六十七号）」2016年（https://www.mext.go.jp/a_menu/shotou/tokubetu/main/1376867.htm，2020年9月20日閲覧）

大隅典子『脳からみた自閉症——「障がい」と「個性」のあいだ』講談社，2016年

杉山登志郎『子育てで一番大切なこと——愛着形成と発達障害』講談社，2018年

Uddin, L. Q. & Menon, V., The anterior insula in autism: Under-connected and under-examined, *Neuroscience and Behavioral Reviews*, 33（8）, 1198-1203, 2009

■課題

1. 現在の障がい理解のあり方について，説明してみよう。
2. 他の障がいと比較したときに発達障がいにみられる特徴とは何か。
3. なぜ発達障がいの重複例を理解しておく必要があるのか，説明してみよう。

■参考図書

川島聡・飯野由里子・西倉実季・星加良司『合理的配慮——対話を開く，対話が拓く』有斐閣，2016年

本田秀夫『発達障害　生きづらさを抱える少数派の「種族」たち』SB クリエイティブ，2018年

千住淳『自閉症スペクトラムとは何か——ひとの「関わり」の謎に挑む』筑摩書房，2014年

第 13 章　保育園・幼稚園時期の発達障がい児の行動の理解と支援

発達障がいは発達早期から症状がみられる障がいであり，早い段階で子どもに合った環境や支援をコーディネートすることができれば，その後の子どもの症状は変化していくことがある。ここでは，乳幼児期の発達障がいの特徴，早期診断の意義，現在注目されている早期療育の自然主義的アプローチなどを学んでいく。さらに，保育現場での発達障がい児の事例を取り上げ，子どもたちの行動をどのように理解すべきか，その支援例を取り上げながら理解を深めていく。

キーワード
早期発見・早期診断　早期療育　自然主義的アプローチ

第 1 節　幼児期の発達障がい

発達障がいは，脳の神経基盤の発達が定型発達とは異なる障がいであることは前章で述べてきた。他の子どもがある年齢で一般的にできるようになることを自分の子どもができないことに直面したとき，発達早期には特に不安を覚える親は少なくない。しかし，定型発達との違いを否定的に捉え，「できないこと」ばかりに注目してしまうと，その後の養育や支援は滞ったものになりやすい。親や保育者など子どもの養育に携わる大人が，発達障がいの特性のある子どもと定型の子どもとのあいだに「異なる学び方」があることを知り，その子に合った学び方を提供すること，また子どもの発達特性からくる子どもの得意なことや好きなことに着目し尊重する目を持つことが極めて大切である。

乳幼児期の脳の発達を知れば，このことはより現実感を増してくる。生後すぐの脳のなかでは，シナプス生成が活発におこなわれる（第1章参照）。生後1年間でもっともその変化が大きく，6ヶ月〜8ヶ月にかけてシナプスの数は最大になる。その後シナプスは刈り込まれるが，前頭前野領域にかんしては3歳ころまでその数は増え続け，そこから減少に転じる（多賀，2011）。一方，細胞同士のネットワークはどんどん増え続け，2歳時点の脳内ネットワークは大人の2倍ほどあるといわれている。ネットワークが増え続けるのは，子どもがいかなる環境に対しても適応できるようになるためといわれており，発達障がいのように脳のある部分のはたらきが弱かったとしても，この時期は別のバイパスが作られる可能性も高い。その後はよく使う道（ネットワーク）は高速道路のように舗装されていき，一方あまり使わない道は取り壊され，10歳以降の新しいネットワーク構築は難しくなっていく。それでも思春期ごろまでは成人より回復力も高いが，思春期を過ぎると成人とあまり変わらなくなるともいわれている。

つまり，脳の発達が定型の子どもとは異なる発達障がいの子どもにとって，乳幼児期は特に脳細胞のネットワーク作りという意味で，重要な時期なのである。

第2節　早期発見・早期診断と早期療育

（1）早期発見・早期診断

早期発見

発達障がいの子どもはいつごろからその特性に気づかれるようになるだろうか。日本では，乳児期に発達障がいの診断が下ることは多くないが，発達早期の気になる特徴として，運動機能や言葉の発達の微妙な遅れ，生理的なモニタリングの弱さ，対人コミュニケーション上の課題などが生じることがある。具体的には，つかまり立ちや歩行への移行，初語の表出がゆっくりであったり，熱い・冷たいといった感覚への反応が弱かったり，さらには共同注意[1)]の成立が遅れたりすることなどがあげられる。とはいえ，後に発達障がいと診断された子どもでも，乳児期にこうした特性がみられない場合や，あってもごくわずかで気づかれにくい場合も多い。逆にこうした気になる点があるからといって，すぐに発達障がいが疑われるという訳でもない。子どもの発達はとても個人差が大きく，その後の発達の経過も多様であることを覚えておきたい。それでも子どもの発達で気になることがある場合は，自治体の発達相談窓口や保健センターなどに相談することで，その後の適切な支援につながりやすい。特に1歳半と3歳でおこなわれる乳幼児健診では，発達上の特性が指摘される場合がある。もし，保育者が子どもの特性で気になることを発見したら，両親と丁寧な相談を経た上で，こうした機会を活用することも重要である。

ちなみに，1歳半・3歳時の健診で発見されやすい発達障がいはASDだといわれている。なぜならこの時期は，社会性の発達が伸びる時期であり，特に主たる養育者とのあいだで見せる社会的なかかわりが活発になり，社会性に課題のあるASDが目立ちやすく，発見されやすくなるためである。一方ADHDについては，年少児は多くが落ち着きのないものであり，早期の発見は難しいといわれている。

早期診断

発達障害の診断は，以前は早期発見・早期診断を遅らせるような動きもあったが，早期介入や安定性のある早期診断の重要性が多くの研究で示されるようになったことで，アメリカではASDは2歳児から診断がなされ，リスクの有無はそれ以前から明らかになるといわれている。早期発見・診断は，支援を受けないことによる二次障がいの発生を防ぐ可能性もあり，今後より早期発見・診断の傾向は高まっていくのかもしれない。

ただ，ここで重要なのは「診断」が何のためのものかを理解しておくことである。診断を受けてしまえば子どもの将来が真っ暗だと思い込み，子どもの特性に気づきながらも受診を拒否したり，障がいがあることを否定したりしてしまう保護者は少なくない。障がいを抱え生きていくことは，本人にとっても，また家族にとっても計り知れない苦労があることを思えば，そのような反応は当然のことでもある。しかし，子どもの特性を無視し放置することは，本人が支援される機会を奪い，愛着障害などの二次障がいを招くことにもなり兼ねない。医療的な診断は，周囲が支援するための共通理解を持つために役立つことであり，様々な福祉サービスを受けるために必要になることも多い。一方，子どもの発達を支援する側にとっては，「診断の有無」だけが重要ではないことも理解しておく必要がある。

（2）早期療育

ASDにおいては特に，早期発見・早期診断が大きく進歩したことで，乳幼児への支援介入の有効性が示されることが増えてきた。現在までに様々な介入が試みられてきたが，そのなかでももっとも実証的な支持が得られてきた方法が，オペラント条件づけ理論[2)]に基づいた行動療法である。行動療法はこれまで様々なことが試されてきたが，子どもに学んでほしい行動が般化[3)]せず持続しないことや，子どもの自発性が伴わないことなどの課題が浮き彫りになってきた経緯がある。子どもの動機を無視した支援は乳幼児期に限らず，誰にとっても良いものではない。

現在は自然主義的アプローチ（Naturalistic Behavioral Approach）と呼ばれる介入方法がもっとも好ましいといわれている。このアプローチは，子どもに必要なスキルを直接的に指導したり，それだけを抜き出して教えたりするのではなく，日々の生活のなかでの自然な，対人的に意味のあるやりとりを通じて子どもを支援していく方法をとる。自然な環境のなかで子ども自身が選択，率先し，子どもにとって本質的な報酬を用いていくこの方法は，一般的な定型発達の子どもと親とのやりとりとも似ている。構造化されていない環境のなかで子どもを中心にアプローチをしていくと，子どもはより早く学習していくだけでなく，逸脱行動も軽減していくといわれている（Chawarska, et al., 2008：竹内・荒木監訳，2010）。自然な環境のなかで子どもの自発的な行動を尊重するという考え方は，乳幼児期に限らず，学校教育や就労に至るまで大切にしたい考え方である。

第３節　保育園・幼稚園での子どもへの支援

保育園や幼稚園は，子どもたちが初めて他の子どもたちと社会生活を送る場所であり，どの子にとってもたくさんのチャレンジが待ち受けている。ことさらコミュニケーションの課題を抱えていたり，刺激に対する過敏性が高かったりする発達障がいの子どもにとっては，初めての社会生活のハードルは高く，園生活に馴染めないこともしばしばおきてくる。ここでは，保育園や幼稚園での発達障がいの子どもの行動を保育者が理解し，支援していくためのポイントをいくつかの事例とともに紹介していく。

（1）子どもの行動の意味を理解する

発達障がいの子どもがみせる行動の多くは，周囲からは「困った行動」として映ることがある。みんなで集まり座っていなければならない場面で1人立ち歩きうろちょろしている，友だちとのやりとりがうまくいかずにパニックをおこしてしまうなど，保育者の困り感の多くは，特性のある子どもによる集団生活を乱すような行動からくるものだろう。ここで意識しておきたいのは，「困った行動」が誰にとっての困り感なのか，ということである。支援は，子どもの困り感に合わせて構築されていくべきものだが，集団生活をスムーズに進めようとする大人側の目線に立つと，周囲が抱く「困った」の方が大きくなっていきやすい。子どもの困った行動の1つひとつを「どうしてみんなと同じようにできないの」と叱ってしまうことは，子どもの行動の修正に何の効果もないばかりか，子どもの自尊感情を傷つけることにもつながりかねない。

まずは子どもの行動の背景に，必ず「意味」があるということを念頭に置く必要がある。たとえば，子どもがじっとしていられないことの背景には，周囲の刺激をとても強く感じる過敏性があるのかもしれない，もしくは行動の抑制がきかずにどうしてもじっとしていられないのかもしれない，と考えてみる。このような理由によって子どもが適切な行動を取れなくなってしまっている場合，その子にとって負荷の少ない環境を整えること，また適切な方法がわからずパニックに陥っている場合には，パニックにならないための他の方法を教えていく必要がある。そうでないと子どもは，行動の意味や背後にある思いが無視され，頭ごなしに叱られていると感じ，どんどん自分に対する自信を失っていくことになる。発達障がいの子どもは，定型発達の子どもが発達の過程で自然に獲得していく様々な能力を，同じように自然に学んでいくことが難しいことが多い。その子に合った学び方をともに考えていくことが，保育者としての１つの役割ともいえるのである。

（2）子どもの特性とその支援

ここからは架空の事例を題材に，発達障がい児の特性とその支援法について理解を深めていく。事例内の子どもは，著者が見てきた発達障がい児の特徴を複合的に併せて表現したものであり，実在する人物ではない。

A くんの事例

A くんは幼稚園での集団行動が苦手です。先生がお教室に集まるよう大きな声で呼びかけても，１人もくもくと遊び続けています。A くんは，世界の国旗を見るのが大好きで，この日も国旗の絵をもくもくと描いていたようです。先生に連れられ，ようやくお部屋に入りましたが，A くんは落ち着かない様子でぐるぐるとお教室のなかを歩き回ります。生活発表会に向けたお歌の練習のために，先生は突然大きな音量で音楽を流し始めました。すると A くんは，「わー！」と大きな声を出してお部屋から飛び出していってしまいました。

A 君の特性として考えられることと支援の例

友だちとのやりとりのある遊びより１人での遊びを好み，もくもくとマイペースに遊ぶ姿は，社会性に課題のある ASD の子どもによくみられる行動である。このような子に対しては，無理にみんなと遊ぶよう強制することはせず，たとえ一緒に遊べなくても，まずはみんなと同じ空間で隣り合って遊ぶことができることを目標にすると良い。先生の声に反応せず遊び続けているのはわざと無視をしているのではなく，遊びに集中しすぎて先生の声が耳に届いていないことも考えられる。注意の課題は，不注意と過集中とが混在することもしばしばあるので，その子がどのような注意の課題を抱えているか丁寧に観察する必要がある。子どもの反応がないときには，先生が目の前に行って声をかけ，顔を合わせて切り替えを促すようにすると良いだろう。また，国旗好きのAくんは，視覚的な刺激への興味や記憶が優れていることも考えられる。本人の好きなことを尊重し，周囲が大切にしていく姿勢は何より重要である。

部屋での落ち着かない様子，突然の大音量の音楽にパニックになってしまったことの背景には，音に対する過敏性や，変化に対する抵抗があると考えることができる。集団での騒がしい声や音は，聴覚過敏のある子どもにとっては耐えられないほどの騒音に聞こえることがある。必要な子どもにはイヤーマフをつけることを認めてあげたり，部屋が静かになったころの入室を認めてあげたりなどの支援も考えられる。また，普段の生活のなかにないものが突然出てくるなどの変化でパニックに陥ってしまう子どももいる。変化に対して柔軟に対応できない子どもには，前もって1日の計画を視覚的に示してあげたり，落ち着いた状況のなかで新しい取り組みの練習をしたりなど，なるべく変化の少ない環境になるような配慮が支援につながる。

支援のポイント

・みんなと遊べるようにするのではなく，みんなと居られることを目指す
・どのような注意の課題があるかを見定める
・本人の好きなことを尊重する
・感覚過敏への支援を行う
・変化への抵抗への支援を行う

Bちゃんの事例

Bちゃんは，全般的に運動が苦手，手先も不器用で普段は物静かでゆったりしたペースの女の子です。みんなが園庭でボール遊びなどをしているときは輪のな

かに入らず，１人絵本を読んでいることが多いようです。ある日，みんなでお絵かきや工作をすることになりました。B ちゃんは自分の席についてはいるのですが，何も手を付けられず，かたまってしまっているようです。先生が声をかけても何も応えず，しばらくすると泣き出してしまいました。

B ちゃんの特性として考えられることと支援の例

身体全体を使って歩いたり，走ったり，バランスを取ったり，ジャンプしたりなど，これらの運動を粗大運動という。目と手，手と足といったように，複数の箇所を同時に動かす運動のことは協調運動といい，これはボール遊びや縄跳びなど，様々な運動に必要とされる。B ちゃんの場合，これらの運動が苦手なことに加え，手や指を使った細かな動作である微細運動も苦手な可能性が考えられる。運動が苦手，手先が不器用といわれるような特性は，発達性協調運動障害（DCD）[4)]の子どもにみられることが多い。

様々な運動機能は，日々の生活でのちょっとした工夫で発達を促すことが期待できる。粗大運動の発達を促すためには日ごろから階段を使うよう心がけたり，滑り台やブランコなどの一般的な遊具遊びで身体のバランス感覚や四肢の動きを増やしたりするのが有効である。「感覚遊び」といわれるボールプールなどを代表とする遊びであれば，見る，触れる，聞くなど，様々な感覚を刺激することができ，協調運動の発達にも効果があるといわれている。しかし，運動の特性がある子どもはいくら反復練習をしても，他の子と同じように習得することは難しいことが多い。本人にとって無理のない達成感を目標として，生活のなかで楽しみながら取り組むことが大切である。

また，B ちゃんがお絵かきや工作の場面でかたまってしまったことの背景には，微細運動の苦手さに加え，困ったときのヘルプの出し方がわからないという可能性が想定できる。困ったときのヘルプの出し方を，自然に，真似しながら学ぶことが難しいのであれば，保育士がヘルプの方法を提示して見せたりすることで，スキルを身につけていくと考えられる。また微細運動の発達は，自宅での家事手伝いを一緒にやるなどして鍛えられ，お手伝いによって褒められる経験を作ることができれば一石二鳥である。

支援のポイント

・運動機能の苦手さに合わせた支援を考える
・本人にとっての達成感を目標とする
・困ったときのヘルプの出し方を支援する
・お手伝いをしながらスキルを身につけ，褒められる経験を増やす

ここにあげた2つの例にかんする理解や支援の方法は，あくまでも1つの解釈である。発達障がいは他の障がいが重複することも多く，特性がわかりやすく生じる場合もあれば，重複によって特性が一見わかりづらい場合も多い。子ども1人ひとりの個別性をしっかりと把握し，オーダーメイド式に組み立てていくような意識が実際には必要になるだろう。

コラム　就学に向けた準備

幼稚園・保育園を卒園した子どもたちは，小学校という変化の激しい環境での新生活を迎えることになる。衝動性・多動性や不注意，社会性の課題やこだわり，運動や学習の困難などの特性のある発達障がいのある子どもたちにとっては特に，就学前の準備は欠かせない。4月に小学校への入学を控えた子どもたちは，前年の秋ごろに就学時健診をおこなうが，そこでは身体の健康診断に加え，精神発達の検査もおこなわれ，場合によっては知能検査が含まれることもある。子どもの適性に合わせて，通常学級，通級，特別支援学級，特別支援学校などの進学先を選ぶ上で，こうした検査結果が1つの材料になっていく（**図13-1**）。

進学先の選択は保護者が主導で進めていくことにはなるが，発達障がいやその傾向のある子を持つ母親は悩みを抱えることが少なくない。保育者は，園での子どもの様子などを保護者と丁寧にやり取りし，子どもにとってどのような環境が適切であるかをともに考えていく姿勢が必要とされるだろう。また，幼小連携が言われるようになって久しいが，申し送りによって子どもの特性や配慮の方法を小学校へ引き継ぐことができれば，子どもの安心のための環境調整につながることが期待できる。

また，子どもとともに，小学校入学後に求められることの練習を進めておくの

も良い。学校までの通学路を保護者と一緒に歩いたり，時間割のある学校の生活時間に慣れるよう，時間を区切った生活リズムを練習するのも１つである。

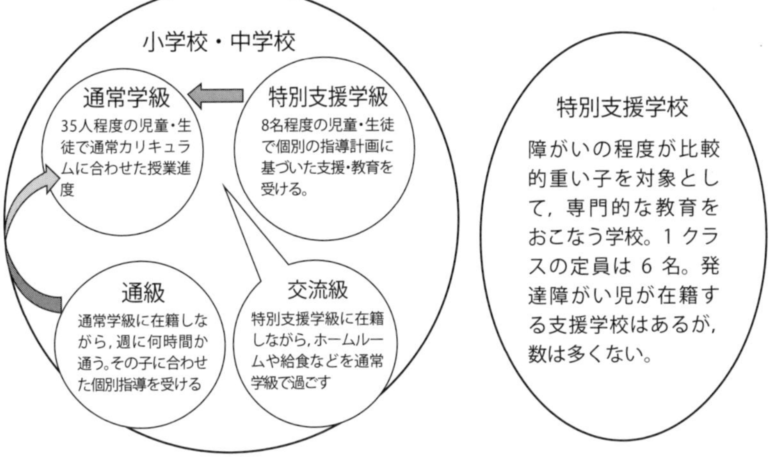

図13-1　小学校，中学校での子どもの就学先

（杉山，2018より筆者作成）

■注

1）乳児が1歳前後になると，養育者の視線の先を捉えて，養育者と子が同時に同じ対象に視線を向けられるようになる。これを共同注意といい，この基礎の上にコミュニケーション能力が発達していく。

2）自発的，もしくは道具を使った反応（行動）に対して強化刺激を与え，その行動の生起確率を上げる自発的な行動への条件づけのこと。

3）般化とは，ある刺激のもとで強化された反応が，他の刺激のもとでも生じる（増大する）こと。

4）運動能力の特異的発達障がいの1つで，様々な運動や日常動作に困難をきたす障がい。

■引用文献

Chawarska, K., Klin, A., & Volkmer, F. R., *AUTISM SPACTRUM DISORDERS IN INFANTS AND TODDLERS: Diagnosis, Assessment, and Treatment*, The Guilford Press, 2008（ハヴァ

ースカ，K. 他編著『乳幼児期の自閉症スペクトラム障害――診断・アセスメント・療育』竹内謙彰・荒木穂積監訳，クリエイツかもがわ，2010年）
杉山登志郎「子育てで一番大切なこと――愛着形成と発達障害」講談社，2018年
多賀厳太郎「脳と行動の初期発達」『発達心理学研究』22（4），349-356，2011年

■課題

1. 何のために「診断」はなされるのか，説明してみよう。
2.「自然主義的アプローチ」の特徴を挙げてみよう。
3.「感覚過敏」のある子どもを想定し，園生活でできる支援を考えてみよう。

■参考図書

本田秀夫編著『発達障害の早期発見・早期療育・親支援』金子書房，2016年
日本発達心理学会編『自閉スペクトラムの発達科学』新曜社，2018年

第 14 章　小学校時期・中学校時期の発達障がい児の学校・家庭での行動の理解と支援

小学校にあがると，子どもたちは様々なルールのなかでの共同生活を求められるようになり，加えて友だち関係も複雑になっていく。そんななか，発達障がいの子どもが自己肯定感を下げずに学校生活を送っていくためには，それぞれが持つ特性を周囲がよく理解し，その子に合った安心できる環境を整えるよう努めていくことが大切である。前章と同様に，ここでも小学校・中学校時期の学校や家庭での発達障がいの子どもの姿を事例にあげながら，子どもの行動をどのように理解し支援していくか，また小学校以降で必要性が増してくる保護者―学校―支援機関との連携のあり方を学んでいく。

キーワード
自己肯定感　心理アセスメント　虐待　連携

第 1 節　小学校時期・中学校時期の発達障がい

（1）小学校時期の発達障がい

小学校低学年

小学校は子どもがより本格的な集団生活をスタートさせる場であり，様々なルールや刺激で溢れている。自由に遊ぶことが許される保育園・幼稚園での生活とは一変，時間割ごとに学習をし，持ち物を自分で管理し，生活全般で友だちとうまくやっていくことが求められるなど，乳幼児期よりはるかに多くのスキルを必要とする。特に小学校 3 年生あたりでは，子どもは積極的に集団活動に参加するようになり，自分たちで決めたルールに基づいて閉鎖的な仲間集団を作るようになる。発達障がいのある子どもは，時間割に合わせた行動や持ち物の管理，複雑になる友人関係，どれにおいても苦手なことが多く，これらが高いハードルとなってつまずきを経験しやすくなる。

小学校高学年

自分を客観的に見つめられるようになる高学年からは，友人関係がうまくいかないなど，徐々に自己肯定感が低くなることがおこりやすい。この時期に「自分は苦手なこともあるけれど得意なこともある」「困ったときは助けを求めればうまくいく」という実感を持てることが，その後思春期や青年期を穏やかに迎えるための土台となる。

(2) 中学校時期の発達障がい

中学生になり思春期を迎えると，多くの子どもが「自分は何者なのか」「自分は何がしたいのだろう」と自分自身に悩む時期に突入する。同時に第二次性徴の発現により身体の変化も生じ，不安や困惑が大きくなる時期でもある。発達障がいのある子どもは自分の身体や感情の変化に気づきにくいことが多く，感情の調整に困難を抱えたり，クラスメイトや先輩との対人的な距離感で失敗をしたりする場面が増えてくる。年齢相応に求められる振る舞いを身につけることが難しい子に対し，自然に身につくまで待とう，と放置してしまうことは避けるべきであり，それぞれの特性に合わせて，本人の学びを支援していく必要がある。

(3) 周囲のサポート

二次障がいのリスクを避けるためにも，家庭と学校などが連携し，それぞれの子どもに合った環境を協働して用意していく姿勢は重要である。子どもに対する共通理解を周囲が持っていれば，子どもへの支援や対応も一貫したものになるので，子どもが混乱することも避けることができる。また，子どもが自己イメージを持ち始める小学校高学年から中学生にかけては，本人の障がい理解をサポートしていくのに適した時期でもある。障がい理解のポイントとして，まずは「自分はどこか人とは違う」「できないことが多く困っている」というような本人の不安や困り感に焦点を当て，その困り感を解消していくための方法を大人がともに考えることが第一歩となる。同時に子ども自身に「自分の好きなこと」「得意なこと」にも着目させ，自分が持つ様々な面を理解することを段階的に促していく必要がある。

第2節　学校・家庭での子どもの支援

児童期から思春期にかけても，発達障がいのある子どもへの対応で重要なポイントは，子どもの行動の意味を理解することに始まる。そして，その背景にある理由に合わせた環境調整や子どもに合った学び方を，周囲の大人がともに考えていくという基本姿勢の重要性に変わりはない。

(1) 子どもの特性とその支援

小学生Cくんの事例

Cくんは日ごろから落ち着きがなく，小学校低学年のときは授業中によく立ち歩き，叱られることがしばしばありました。4年生になると学習面でのつまずきが大きくなり，友だちとのトラブルが相次ぐようになりました。ある日友だちからのちょっとしたからかいに腹を立てたCくんは，突然相手に殴りかかりました。先生は急いで抑えに入りましたが，Cくんの興奮はなかなか治まりません。おうちでは，大好きな工作をすることが多いのですが，一度始めると食事の時間などになってもなかなかやめることができず，お母さんからは「いい加減にしなさい」「早く勉強しなさい」と叱られてばかりいます。弟ともトラブルが多く，「お兄ちゃんなんだから，弟の気持ちを考えなさい」と言われてしまいます。

Cくんの特性として考えられることと支援の例

授業中の立ち歩きや友だちとのトラブルの様子は，多動性・衝動性の高い児童によくみられる行動と考えられる。学習面での遅れが，多動性・衝動性を背景に生じてくることもあれば，学習障害（SLD）的な傾向が隠れている場合もあるので，丁寧な心理アセスメント[1)]が必要である。多動性・衝動性のみを背景に学習面の遅れが出ているのであれば，そこへの対応を取ることで学習面が改善してくる可能性があるが，SLD がある場合は異なる支援を必要とするため，認知能力を丁寧にアセスメントする必要がある。

C くんのトラブルの様子からは，友だちからのからかいに対し，対処法を身につけられていないことがわかる。家庭での弟とのトラブルの際，母親は「弟の気持ちを考えるように」と指導しているが，相手の気持ちや文脈を理解することが苦手なことの多い発達障がいの子の場合，このような指導ではなぜ自分が叱られているかがわからず，被害妄想が生じることもあり，反抗挑戦性障害[2)]へとつながっていってしまうこともおこりかねない。こうした背景が学校での友人トラブルでの爆発につながったと考えることもできる。「ちょっかいを出されて嫌な気持ちになったときは『嫌だからやめて』と言ってみたら？　それでもダメなときは，大人に助けを求めてみたら？」など，どのように対応するとうまくいくかまで教えてあげることで，子どもは徐々に自分に合った処世術を身につけていく。日本的な教育は特に，文脈や背景を自分で読み取ることを求めがちである。発達障がいの子どもには，こうした教え方が適していないことを周囲の大人が理解することが重要である。

さらに，切り替えがうまくできないことの背景には，生活のなかで見通しを持つのが苦手といった特性があると考えられる。見通しを持たせるために，視覚的に自分の日課を確認できるようなアイテムを用意し，何時に何をするかを視覚的に示し，それがルーティン化してくることで生活がしやすくなることがある。自閉傾向のある子どもの場合は特に，1 日の流れをしっかり決め，予定通りの生活を送らせることが本人を安心させる場合も多い。逆をいえば，予定通りに物事が進まないことでパニックをおこしていることも考えられる。過集中を避けるためには，活動量をあらかじめ決め，「ここまでやったら終わり」という終わりの見通しを共有しておくことも大切である。好きな行動を見通しを持って取り組ませることができれば，周囲の大人が子どもの好きな活動を否定する形にもならない。

支援のポイント

・学習面の遅れが何を背景に生じているかをアセスメントする
・トラブル回避のための対処法を身につけられるよう支援する
・抽象的な表現で指導するのではなく、具体的な行動を教えていく
・切り替えを良くするための環境調整を考える

中学生Dちゃんの事例

Dちゃんのお母さんは発達障がいの傾向があり，お母さん自身も幼いころから社会的なかかわりが苦手でした。お母さんはDちゃんの子育てでうまくいかないことが多く，目線を合わさない，抱っこしても反り返って嫌がるDちゃんに対し，一方的に手をあげてしまうことがしばしばありました。中学生になったDちゃんは女の子同士の会話についていけず，相手と適切な距離が取れずに，周囲からは浮いた存在としてみられるようになっていました。時折，感情のコントロールがきかず暴れだすこともありました。お母さんに手をあげられたときの体験がフラッシュバックして混乱してしまい，しだいにうつっぽくなり，学校にも行けなくなってしまいました。

Dちゃんの特性として考えられることと支援の例

目線が合わない，抱っこしても反り返って嫌がるなどの幼少期の行動から，Dちゃん自身に発達障がいの傾向があるという可能性に加え，母親にも発達障がいの傾向があり，虐待がおこりやすい状況があったと考えられる。発達障がいの子どもはその育てにくさから，虐待がおこりやすいといわれている。発達障がいの子どもを持つ親は，障がい受容，子どもの生活上での困難，将来の不安など，ただでさえ多大なストレスを抱えやすく，母親に発達障がいの傾向があったとすれば，さらに虐待の危険度は増していく。

この場合，Dちゃんの特性や二次障がいへの支援と，母親の精神的課題への支援を分けて考え，それぞれに適切な対応が取られることが望ましい。

Dちゃんについていえば，フラッシュバックや不適切な対人関係の取り方，

感情のコントロール不全などの症状は被虐によるトラウマの影響が考えられる。Dちゃんへの家族関係の調整が必要だと考えられる場合は，専門的な相談機関や医療機関を活用することが選択肢の1つとなる。まずは中学校のスクールカウンセラーが入り口となり，必要な場合は医療や児童相談所などへ橋渡しされることが望ましい場合もあるだろう。また，Dちゃんの生活の環境調整のためには，母親自身がDちゃんへの対応のあり方を見つめ直す必要があるため，Dちゃんへの対応と同時に，母親の精神的課題にも目を向けるような環境が整えられていく必要があるだろう。

支援のポイント

- 母子ともに発達障がいがある場合の虐待リスクを考える
- 被虐の可能性が考えられる場合は，外部機関と連携して対応を取る
- 母子それぞれへの支援の必要性を理解する

コラム　児童虐待と発達障がい

児童虐待にかんするニュースが後を絶たない。2018年度の児童相談所における児童虐待相談対応件数は約16万件，前年度と比較して20%近く増加し，過去最多を更新した（**図14 - 1**）。

この件数は1990年度に統計を取り始めてから28年間，右肩上がりに増加し続けている。その背景には，面前DV[3]が2004年以降心理的虐待の一部として認められ，その通告が増えたこと，虐待にかんする社会的な意識が高まってきたことなどが指摘されている。日本では，児童虐待などによって親元を離れることになった子どもたちは約4万5,000人，そのうちの8割程度が大人数の子どもたちがともに生活する乳児院，児童養護施設で生活を送っている。先進国のなかでも日本の家庭養育への委託率の低さは群を抜いており，里親制度や養子縁組制度の推進が図られてはいるものの，現在も施設養育が中心的な役割を果たしている。児童養護施設に措置される子の6.5割に被虐経験があると報告されており（厚生労働省子ども家庭局家庭福祉課，2020），さらに被虐待児の多くに発達障がい的な傾向があるということも言われている（杉山，2007）。杉山は，子ども虐待は脳自体の発達にも影響を与え，様々な育ちの障がいを引き起こす「第四の発達障

害」であると提唱している。子ども虐待と発達障害とは非常に複雑な関係にあるため，ここでは詳細な説明は省くが，この2つの関連を考えていく視点は今後ますます重要になる。教師としては，児童養護施設などで生活する子どもの多くに特性があることを知った上で，特別支援教育の対象になりうること，特別な配慮を必要とする可能性があることを理解しておくことが望ましい。

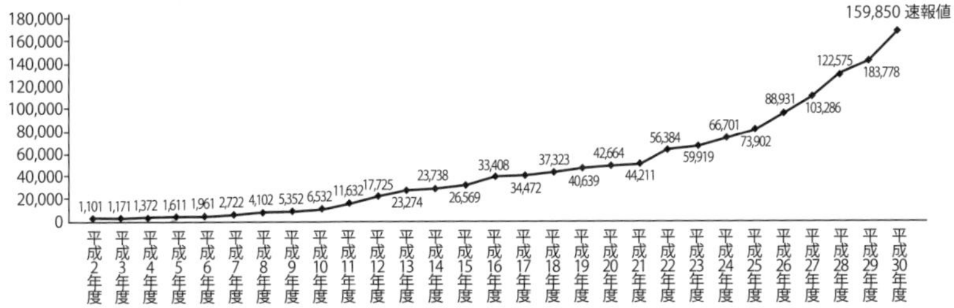

年　度	平成20年度	平成21年度	平成22度	平成23年度	平成24年度	平成25年度	平成26年度	平成27年度	平成28年度	平成29年度	平成30年度（速報値）
件　数	42.664	44.211	(注) 56.384	59.919	66.701	73.802	88.931	103.286	122.575	133,778	159.850
対前年度比	105.0%	103.6%			111.3%	110.6%	120.5%	116.1%	118.7%	109.1%	119.5%

注：平成22年度の件数は，東日本大震災の影響により，福島県を除いて集計した数値。

図14-1　児童虐待相談対応件数の推移

（厚生労働省子ども家庭局家庭福祉課，2020）

第3節　保護者—学校—外部機関との連携

小学校では，保護者—学校—外部機関との連携の必要性が必然的に大きくなる。子どもへの配慮や移級・進級などにかかわる相談が保護者から上がると，子どもの理解・支援のために必要なことが協議されることになるが，その経過で，教育相談や医療機関，その他の支援機関など外部と連携が取られるということも出てくる。

保護者が子どものために活用する学校外の外部機関の1つには医療機関がある。ただ，医療機関は診断と投薬治療がメインであることが多いため，保護者が子どもの発達や障がい，子育てについて相談をしたいというときは，まずは住まいのある市区町村の発達障害センター，教育相談センター，保健センターなどの相談窓口を活用するのがよいだろう。また，発達障がいの当事者を対象とした関連団体や障がいのある子どもを持つ親の会，さらに最近では民間の療育機関やNPOのサポート団体なども増えてきており，その子やその家族にあった形の支援とつながることが重要になってくる。そして，保護者，学校，様々な支援機関が共同して，子どもの支援についての目標や内容を共有できる環境を作っていくことが理想である。

■注

1）心理援助を効果的にするために，心理検査や観察法，面接法などを通して対象にかんする情報を収集し，それらの情報を総合して援助方針を決定するための作業仮説生成のための過程。

2）主に子どもが発症する障害であり，怒りっぽい，口論が絶えない，執念深いなどの症状が半年以上続くと診断される。

3）児童が同居する家庭において，配偶者などに対しての暴力が児童の面前でおこなわれる家庭内暴力。

■引用文献

厚生労働省子ども家庭局家庭福祉課「社会的養育の推進に向けて」2020年（https://www.mhlw.go.jp/content/000503210.pdf，2020年9月20日閲覧）

杉山登志郎『子ども虐待という第四の発達障害』学研教育みらい，2007年

■課題

1.「子どもの行動の意味を理解する」とは，どのようなことを指すか。

2. 発達障がいの子どもは，なぜ小学校中学年から高学年にかけて，自己肯定感を下げやすいのか？　またそうならないための支援について説明してみよう。

3. 学校教育の場で，被虐待が疑われる児童・生徒を発見した場合はどのようなことに注意して対応するのが良いか，説明してみよう。

■参考図書

本田秀夫編『発達障害の早期発見・早期療育・親支援』金子書房，2016年

日本発達心理学会編『自閉スペクトラムの発達科学』新曜社，2018年

第 15 章　青年期（大学生）以降の発達障がい者への支援

青年期以降の発達障がいについて考えるときには，青年期に至るまでに理解や支援を得て過ごしてきたかどうか，という視点を持って個人を理解することが大切になる。なぜなら，その経過によって状態像は様々であり，特性が強くても自分に合った環境を得て適応的な暮らしを送っている人もいれば，叱責などを受け続け，二次障がいを抱えている人も少なくないためである。ここでは，大学生の発達障がいの事例をあげ，大学での発達障がい学生の理解や支援の実際，また成人期以降の発達障がい者の就労にかんする現状や支援について扱っていく。さらに，大人の発達障がいで課題になることが多い「二次障がい」についても学んでいく。

キーワード

二次障がい　障がい学生支援　障害者差別解消法　合理的配慮

第 1 節　青年期以降の発達障がい

発達障がいは発達の早い時期からその症状が現れることで診断されるが，青年期以降に「自分はもしかしたら発達障がいかもしれない」と考えるようになった人や，周囲からの気づきで障がいを疑うようになった人，他の精神疾患の背景に発達障がいが認められる人たちが，精神科を訪れることはけっして少なくない。大人になってから発達障がいと診断された人のなかには，自分に診断名がついたとき「やっと答えを見つけた」と感じ（綾屋・熊谷，2008），それまでの自分の困難に説明がつき安堵する人がいる。一方で成人期に初めて精神科を訪れる ASD 傾向のある人たちの大半が，二次障がい[1]を伴っているともいわれており（本田，2013），この問題は深刻であることも多い。しかし，ここ数十年で発達障がいにかんする理解が世間一般にも広がり，発達早期に何らかの支援を受けてきたことで青年期以降から併発しやすくなる二次障がいを予防できているというケースも存在する。

このように，青年期以降の発達障がいは，それまでの生活史や支援の有無によってその特性の現れ方や適応度など様々である。

第2節　大学生の発達障がい

（1）発達障がいの大学生

発達障がいの学生にかんする調査が始まった2006年，大学，短期大学および高等専門学校における発達障がいの診断のある学生は127名だったが，10年後の2016年には4,148人，2018年は6,047名と年々増加している（日本学生支援機構，2018）。なかでももっとも数が多いのがASDの2,879人，次いでADHDが1,267人であり，自ら学校に申し出をし，何らかの支援を受けている支援障害学生の数も増えてきている。発達障がいの支援障害学生の数は2018年で4,325人と前年度と比べても627人増加している。発達障がい学生に対する支援体制は徐々に拡充してきており，大学入学時点ですでに発達障がいの診断を受けており，自ら大学に申し出る学生も増えてきている。一方で，発達障がいが疑われる学生，つまり，発達障がいの特性はあっても診断を受けていない学生も多く，彼らは相談窓口にもたどり着けず，人知れずドロップアウトしていくということも少なくない。

（2）大学でのコーディネーターの役割と支援の実際

障がい学生支援コーディネーターの役割

障がい学生の支援は，学生からの申し出が第一歩となることが多い。学生からの申し出に対し，各部署と連携を取りながら学生支援の中心的な役割を担うコーディネーターがいると，特に発達障がいの学生支援はスムーズに進みやすい。なぜなら，発達障がいは他の障がいと比べても，その支援の内容の個別性が高く，かつ教員も含めた各部署からの理解を得るのに発達障がいにかんする専門的理解を要するからである。また，発達障がいの学生は，入学時から履修登録，授業やテスト，卒業論文，実習や就職活動など，様々な場面での支援を必要とする。そのため，コーディネーターが学生の課題を整理し，どのような方針で支援していくかの全体を見守っていれば，各授業担当の教員や様々な窓口，外部との連携も取りやすくなる。

大学における合理的配慮

2016年に障害者差別解消法の合理的配慮規定等が施行され，その条文には障害者が現に社会的障壁の除去を必要としている旨の意思があった場合に合理的配慮義務が生じる（内閣府，2013）とあり，国公立大学には本人の意思があるときには，合理的配慮をおこなう義務が生じることになっている。私立大学は努力義務となっているが，文部科学省の対応指針には私立大学でも適切な対応を求めることが示されている。では，自分から配慮要請のできない発達障がいの学生には対応は必要ないのだろうか。内閣府の基本方針には，「意思の表明がない場合であっても，当該障害者が社会的障壁の除去を必要としていることが明白である場合には，（中略）適切と思われる配慮を提案するために建設的に働きかける」（内閣府，2013）とあり，意思表示の仕方を支援することが期待されている。診断のない学生の方が大学入学後の困難から除籍，退学になってしまうケースが多いという話もあり，自ら配慮要請のできない学生へも周囲からの気づきで支援につなげることで，その後の大学適応や二次障がいの問題への進展を回避する可能性がある。

（3）大学生の特性とその支援

大学生Ｅくんの事例

Ｅくんは幼いころから社会的なかかわりが苦手で，こだわりが強く，中学生で不登校を経験したことがきっかけでASDの診断を受けました。知的には高く，学業に自信のあるＥくんは，無事希望の大学に入学することができました。Ｅくんには感覚過敏があり，特に集団場面の学生たちの声などの騒音には耐えられず，大勢の学生が参加する大教室での授業では，ヘッドフォンを着用していました。授業の担当教員はＥくんの事情を知らず，ヘッドフォンをしながら授業に出るＥくんの授業態度を問題視し，落第点をつけました。この科目は必修科目であり，このままではＥくんは翌年も同じ授業を受けなければなりません。

Ｅくんの特性として考えられることと支援の例

最近になってASDの診断基準に組み込まれた特性の１つに，ある特定の感覚に対する過敏さ，鈍感さといった項目がある。これが一般に「感覚過敏」といわれる症状のことである。Ｅくんの場合，ASDにともなう音に対する敏感さがあることが考えられ，これに対しヘッドフォンの着用を対処法として身につけている。他にも，光（視覚）に過敏性を持つ人などは年中サングラスをしていたり，触覚に過敏性を持つ人は同じ服ばかりを何着もそろえていたりすることもある。このような対処法は本人にとっては社会適応のため身につけた大切な処世術であるにもかかわらず，一般的な視点からは奇異に映ってしまいがちである。Ｅくんは診断を受けているので，前もって学校側に相談などがあれば，合理的配慮のもとで教員に対する理解を得ることができたと考えられる。しかしＥくんの例にみるように，自ら配慮要請できない学生がいることなども踏まえ，今後は大学教員１人ひとりが発達障がいに対する理解を深めていくことができるような環境調整の必要性も出てくるだろう。また，Ｅくんのような事例の場合，大勢の学生がいる教室で試験受験ができないことを理由に，試験における配慮を求めてくることなども考えられる。こうした場合に考えるべきは，他の学生とのあいだでの公平性の問題である。個々人の能力特性に合わせた配慮を考えるためには，医師や心理士など専門家と相談の上，本人に合意を取りながら進んでいくことが理想的である。

支援のポイント

・感覚過敏への支援

・合理的配慮での対応と公平性
・配慮要請ができるよう支援する

大学生Fさんの事例

Fさんには幼いころから不注意の傾向があり，一方であることに集中するとまったく周りが見えなくなるほど過集中になってしまうなど，発達の凸凹のある子どもでした。大学に入学することはできましたが，授業に遅刻してしまう，期日通りに提出物を出せないといったことが頻発していました。それでも，身近な友人との関係が良好だったFさんは，周りに助けられながらどうにか単位取得を進め，教育実習を迎えることになりました。実習中，Fさんの遅刻が多いこと，日誌の提出ができないことなどについて注意の電話が大学宛てに入りました。実習の担当教員がFさんに事情を聞くと，「朝早く起きても，いつも気付いたら出発する時間が過ぎちゃって……」「日誌は毎日持参しています。でも，出すことを忘れちゃうんです。後日出すのはルール違反かと思って出していません」と話します。実習先には担当教員がお詫びの連絡を入れ，どうにか実習を終えることはできましたが，実習の評価は悪く，Fさんはすっかり自信をなくしてしました。

Fさんの特性として考えられることと支援の例

Fさんの幼いころの様子から，Fさんには ADHD にみられる不注意傾向と，ASD にみられる思考の柔軟性のなさ，という双方の特性があることがうかがえる。こうした重複例は，周囲から理解を得づらいことが多く，不全感を抱きやすい。早起きをしているのに予定通りに行動ができないことの背景には，様々なものに注意を奪われて行動に見通しが立たないことや，何かに集中してしまうと切り替えができないことが考えられる。また，持参している日誌を提出できないのは ADHD に典型的にみられる行動であり，ルールを重んじて「後日でも提出する」という柔軟性がないあたりは ASD 的ともいえる。身近な友人との関係が悪くないFさんは，これまで周囲からのサポートによって適応が支えられてきた可能性がある。この部分は，本人が社会に出ていくにあたって大切にしたいところで，サポートを受けながらどうにか結果を出せることはポジティブに考えたい。Fさんには障がいの診断がなく，かつ重複例であることを踏まえると，自分自身の特性を把握することやそれに対する手立てを考える機会が少なかったことが考えられる。このような場合，社会に出る前の段階で自己理解を進め，自分に合った処世術を身につけたり，自分に合った仕事を選んだりすることが重要であり，この面でFさんは支援を受けていく必要があるだろう。

支援のポイント

・重複例として理解する
・周囲からのサポートを得て結果が出せることをプラスに捉える
・本人の自己理解を支援する

第3節　二次障がい

幼少期から思春期にかけて，適切な理解や支援を得られずにきた発達障がいやその傾向のある子どもたちが，社会集団のなかで失敗体験を重ね，自己肯定感を下げていくことがある。そこから派生して，思春期以降になって抑うつや不安などの精神症状や不登校などの二次障がいを引き起こすケースは少なくない。また，成人期になって初めて精神科を受診する発達障がいを持つ人のなかには二次障がいを抱える人の割合が多いともいわれている。

なぜ思春期以降で二次障がいがおきやすくなるのか，1つには，幼いころから適切な理解や支援を得られず，日常的にいじめの対象になったり，激しい叱責を受けることが続き，自己肯定感が低くなったり，トラウマを抱えたりすることで慢性的にストレスにさらされているためだと考えられる。また，思春期になると二次性徴を迎え，心身の変化を感じ始めると，その変化に戸惑い，不安な感情を持ち始める。思春期は「自分とは何だろう」ということを考え始める時期であり，発達障がいの子どもも自分が他とはどこか違う存在であることに気づき始める。そのなかで「自分はダメな存在だ」と考えることが多くなり，二次障がいへと発展していくと考えられる。

二次障がいを抱えるリスクは，いわゆる「グレーゾーン」と呼ばれる人たちにとっても深刻な問題である。神尾他（2013）は，ASDの特性がありながら診断基準には満たないケースのことをASD閾下と呼び，それらのケースが精神医学的問題を持つリスクが高いことを指摘している。

第４節　成人期以降の課題と支援

（1）障がい者就労を取り巻く現状

成人期以降の発達障がいの人たちにとっては，就労の問題は大きな課題の1つである。発達障がいを取り巻く雇用環境は，ここ数年で新たな動きが出てきている。2016年に施行された障害者差別解消法，同年8月に施行された改正発達障害者支援法により，発達障がい者への差別の禁止などが進み，2018年4月からは発達障がい者を含む精神障がい者の雇用が義務化され，法定雇用率にも変更があった。これに伴い発達障がい・精神障がいの雇用は急増しており（厚生労働省，2019），発達障がい者が地域のなかで就労面や生活面での相談をすることができる，「障害者就業・生活支援センター」も年々数が増えてきている。

（2）就労に向けた準備

このように様々な体制が徐々に構築されているが，まずこうした制度を活用していくためには，本人が自分自身の特性理解と援助希求のソーシャルスキルを養うことが大切である。それは，自分ができることは自律的におこない，発達障がいによって生じてくる自分の苦手なことを知り，できないことにかんしては適切に周囲を頼ることができるスキルを身につけていくことである。これができれば，就労にかんする支援機関を積極的に活用していきやすくなる。本人も支援する側も，これらの力を身につけることを目標としながら，自分に合った就労先を探していくことが大切だと考えられる。一方で，生きていく上では就労しお金を稼ぐことは必要なことではあるのだが，本田

(2018）は，特に発達の特性のある人は「やりたいこと」を大切にした生活をすることが重要だと述べている。理由として，発達の特性がある人は一般の人に比べ「やるべきこと」が多くなりがちで，そのために「やりたいこと」を我慢してしまうことがよくあるからだという。自分の就いた仕事が自分のやりたいことであればそれはそれで良いことだが，そうでない場合でも，「自分のやりたいこと」を自由にできる時間を確保することが望ましいという。「やるべきこと」と「やりたいこと」の調整自体が難しい発達障がいの人は，うまく支援を受けながら「やるべきこと」が多くなりすぎないような生活を目指していきたいところである。

コラム　障がいのある子の「親なきあと」

障がいのある子どもの家族にとって，「親なきあと」の心配は尽きない。子どもに発達障がいがある場合，子どもの特性をよく理解している親が子どもの生活を全面的にサポートしていることは少なくない。そのため親に万が一があったときの子どものサポートをどうするかが重要な課題となる。現状，「親なきあと」の心配をしなくて良いと言いきれるほどの社会資源は整っていないが，徐々に様々なサービスが拡大してきている。2018年４月に施行された改正障害者総合支援法は，障害のある人が住み慣れた地域で生活するために必要な支援を強化することが目的とされており，障がい者を地域で支援していくという考え方が徐々に進んできている。

親なき後に子どもをサポートできる体制を整えておくために必要な備えは大きく分けて３つあるといわれている。１つ目はお金で困らないための準備，２つ目は生活場所の確保，そして３つ目が日常生活をフォローする支援者の存在である。

日常生活をフォローしてくれる支援者の存在としては，支援施設の支援員やグループホームの世話人，通所施設の職員に加え，地域には各施設を利用していなくても，民生委員や知的障害者支援員などもいて，福祉サービスの利用や地域の支援者と多く接点を持つことで，様々な支援者とつながることができるようになる。また2018年の４月から「自立生活援助」という新しいサービスが創設され，一人暮らしの障がい者を支援する定期的な巡回訪問なども始まっている。

■注

1) 発達障がいを「一次障がい」としたときに，これを背景として二次的に生じた精神障がいのことを「二次障がい」という。

■引用文献

綾屋紗月・熊谷晋一郎『発達障害当事者研究——ゆっくりていねいにつながりたい』医学書院，2008年

本田秀夫「成人期の自閉症スペクトラムをどう理解し支援するか——児童精神科医の立場から」『こころの科学』171，16-21，2013年

本田秀夫『発達障害——生きづらさを抱える少数派の「種族」たち』SBクリエイティブ，2018年

神尾陽子・森脇愛子・武井麗子・稲田尚子・井口英子・高橋秀俊・中鉢貴行「未診断自閉症スペクトラム児者の精神医学的問題」『精神経誌』115（6），601-606，2013

厚生労働省「令和元年 障害者雇用状況の集計結果」2019年（https://www.mhlw.go.jp/content/11704000/000580481.pdf，2020年9月20日閲覧）

内閣府「障害を理由とする差別の解消の推進に関する法律（平成二十五年法律第六十五号）2013年（https://www8.cao.go.jp/shougai/suishin/law_h25-65.html，2020年9月20日閲覧）

日本学生支援機構 「平成30年度（2018年度）大学，短期大学及び高等専門学校における障害のある学生の修学支援に関する実態調査結果報告書」2018年（https://www.jasso.go.jp/gakusei/tokubetsu_shien/chosa_kenkyu/chosa/__icsFiles/afieldfile/2019/07/22/report2018_2.pdf，2020年9月20日閲覧）

■課題

1. 発達障がいのある大学生がどのような場面でつまずきを経験する可能性があるかを具体的に考え，それに対してどのような支援が考えられるかを「合理的配慮」という言葉を用いて説明してみよう。
2. 発達障がいのある人の就労に向けた準備や，就労する上で大切にすべきことを説明してみよう。

■参考図書

独立行政法人日本学生支援機構『合理的配慮ハンドブック——障害のある学生を支援する教職員のために』2018年（https://www.jasso.go.jp/gakusei/tokubetsu_shien/hand_book/__icsFiles/afieldfile/2018/03/14/h29_handbook_main.pdf，2020年9月20日閲覧）

日本評論社「〈特集〉そだちからみたおとなの発達障害」『そだちの科学』26，2016年
高橋知音『発達障害のある大学生のキャンパスライフサポートブック』学研プラス，2012年

事項索引

アルファベット

ア行

カ行

サ行

タ行

ナ行

ハ行

マ行

ヤ行

ラ行

ワ行

人名索引

執筆分担（執筆順・2020年11月現在）

高平小百合（たかひら・さゆり）

玉川大学教育学部教授
玉川大学大学院教育学研究科教授
第１章，第２章，第４章，第６章第１・４節

魚崎祐子（うおさき・ゆうこ）

玉川大学教育学部准教授
第３章，第10章第３・４節

木村美奈子（きむら・みなこ）

名城大学教職センター准教授
第５章，第６章第２・３節

野田　満（のだ・みつる）

江戸川大学社会学部教授
第７章

畑野　快（はたの・かい）

大阪府立大学高等教育推進機構准教授
第８章

岩田恵子（いわた・けいこ）

玉川大学教育学部教授
第９章，第10章第１・２節

布施光代（ふせ・みつよ）

明星大学教育学部教授
第11章

西田麻野（にしだ・あさの）

社会福祉法人児童養護施設聖友学園
第12章，第13章，第14章，第15章

教《おし》えと学《まな》びを考《かんが》える発《はっ》達《たつ》心《しん》理《り》学《がく》

2021年 3 月10日　初版第 1 刷発行

編著者 ――――― 高平小百合
発行者 ――――― 小原芳明
発行所 ――――― 玉川大学出版部
〒194-8610　東京都町田市玉川学園6-1-1
TEL 042-739-8935　FAX 042-739-8940
http://www.tamagawa.jp/up/
振替　00180-7-26665
装幀 ―――――― しまうまデザイン
印刷・製本 ――― モリモト印刷株式会社

ISBN978-4-472-40591-4 C3037